중국어, 이젠 즐기세요! | **JRC快乐汉语**
创造美好未来

www.JRChina.com

쉽고 재미있게 배우는 중국어의 정석!

맛있는 중국어 시리즈

회화

입문·초급
△ 중국어 발음과 기본 문장 학습
△ 중국어 뼈대 문장 학습

초·중급
△ 핵심 구문 90개 학습
△ 듣기와 말하기 능력 집중 향상
△ 언어 4대 영역 종합 학습

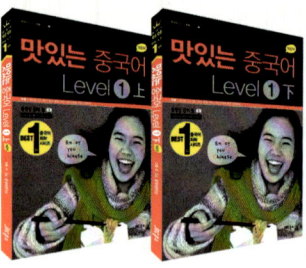

맛있는 중국어 Level ❶ 上 · Level ❶ 下   맛있는 중국어 Level ❷   맛있는 중국어 Level ❸   맛있는 중국어 Level ❹   맛있는 중국어 Level ❺

기본서

△ 재미와 감동, 문화까지 **독해**
△ 어법과 어감을 통한 **작문**
△ 이론과 트레이닝의 결합! **어법**
△ 60가지 생활 밀착형 회화 **듣기**

맛있는 중국어 독해 ❶·❷   맛있는 중국어 작문 ❶·❷   맛있는 중국어 어법   맛있는 중국어 듣기

쓰기·단어

△ 제대로 알고 쓰는 간체자
△ 정확히 알고 말하는 필수 단어

맛있는 중국어 간체자 391   맛있는 중국어 필수 단어 1400

맛있는 중국어 书写 작문 ❷

맛있는 중국어 작문 ❷

초판 1쇄 발행	2011년 8월 30일
초판 6쇄 발행	2020년 10월 5일

저자	한민이
발행인	김효정
발행처	맛있는books
등록번호	제2006-000273호
편집	최정임ㅣ전유진ㅣ조해천
영업	강민호ㅣ장주연
제작	박선희
마케팅	이지연

주소	서울 서초구 명달로 54 JRC빌딩 7층
전화	구입문의 02.567.3837, 02.567.3861ㅣ내용문의 02.567.3860
팩스	02.567.2471
홈페이지	www.booksJRC.com

ISBN	978-89-92287-73-9 14720
	978-89-92287-71-5 (세트)
정가	13,500원

Copyright ⓒ 2011 맛있는books

출판사의 허락 없이 이 책의 일부 또는 전부를 무단 복사·복제·전재·발췌할 수 없습니다.
잘못된 책은 구입처에서 바꿔 드립니다.

맛있는 중국어 작문 ❷

书写

한민이 지음

맛있는 books

맛있는 작문 레시피를 만들며

　외국어를 공부할 때 가장 힘든 일이 내가 하고 싶은 말을 글로 옮기는 게 아닐까 싶어요. 회화를 잘하시는 분들도 '글쓰기' 앞에선 막막한 기분을 느낀 적이 최소한 한두 번은 있을 거예요. 그도 그럴 것이 말을 할 때는 가끔씩 어순이 바뀌고 엉뚱한 단어를 쓰는 실수를 범해도 말하는 사람의 표정이나 태도를 통해 그 의도가 전달될 수 있지만, 글을 쓸 때는 어순과 어법에 맞고 내용에 어울리는 단어를 정확히 써주어야만 "맞았습니다!"라는 말을 들을 수 있기 때문이지요. 여기에 또 하나 재미있는 건, 글쓰기에서 실수하는 부분을 실전 회화를 할 때도 똑같이 실수한다는 거예요. 그러니 글쓰기를 잘하면 회화 실력도 더욱 향상된다는 말이지요.

　그렇다면 과연 어떻게 해야 실력파들조차 친해지기 힘든 글쓰기와 빨리 가까워질 수 있을까요? 너무나 뻔한 말 같지만 글쓰기를 잘하려면 많이 써보는 것이 최고인데, 사실 글쓰기라는 것이 어느 날 갑자기 두 주먹 불끈 쥐고 "오늘부터 나는 글쓰기를 할 거야!" 하고 마음만 먹는다고 해서 되는 게 아니잖아요.

　그래서 이 책은 글쓰기를 처음 시도하는 학습자들도 쉽게 접근할 수 있게, 중국어 기초어법을 토대로 글 쓰는 연습을 하도록 꾸몄습니다. 마치 과외 선생님이 옆에 있는 것처럼, 어법에서 주의할 사항을 꼼꼼하게 짚어준 후 응용문제를 풀어보는 시간을 가져, 글쓰기에서 범할 수 있는 오류를 최대한 줄일 수 있도록 한 것이지요. 한 과 한 과 공부하고 써보는 과정을 통해 그 동안 미심쩍었던 어법 부분도 확인하고 글쓰기 실력도 향상시킬 수 있답니다. 더불어 좀 더 완벽한 회화를 구사할 수 있는 기초가 다져지기도 하고요.

글쓰기를 할 때는 먼저 여러분이 하고자 하는 말이 무엇인지 머릿속으로 정리한 후에 문장으로 옮기는 것이 중요합니다. 글쓰기를 하다 보면 본인이 어디에서 막히는지 알게 되는데, 그럴 때는 실수한 부분의 어법을 확인하고 가는 것이 좋습니다. 또한 좋은 중국어 문장을 읽은 후 축약해서 정리하는 연습을 하면 글쓰기 공부에 아주 큰 도움이 됩니다. 이 방법은 新HSK 6급 작문 문제 유형과 같은데, 중국어 공부를 시작하면서부터 이 방법으로 연습하면 자연스레 미래의 시험 대비도 되면서 어휘력과 글쓰기 실력이 동시에 향상되는 효과를 얻을 수 있습니다.

　서양 속담에 '첫걸음이 항상 가장 어렵다(万事开头难)'라는 말이 있지요. 이 속담은 중국인들도 자주 사용합니다. 글쓰기 역시 처음 시작이 어려울 뿐, 막상 시작해서 습관이 되면 자연스럽게 여러분의 머리에, 손에, 입에 붙어서 꺼내고 싶을 때 바로 꺼내놓을 수 있게 될 거예요.
　외국어를 공부하다 보면 우리말이 참 아름답다는 생각을 하게 됩니다. 이렇게 멋진 우리말이 여러분의 손에서 제대로 지어진 중국어 옷을 입고, 그 자태를 한껏 뽐낼 수 있었으면 좋겠다는 바람을 갖습니다.

한민이

덧붙이는 말_ 유난히 덥고 습했던 올 여름, 제 책과 씨름하느라 힘드셨을 JRC북스 편집부 여러분과 교정에 도움을 주신 许宁 군에게 진심으로 감사드립니다.

이 책의 차례

- ▶ 머리말   04
- ▶ 이 책의 차례   06
- ▶ 이 책의 특징   08
- ▶ 이 책의 구성   10
- ▶ 작문 학습법   12
- ▶ 선행학습   14

01과   목적어를 붙일 때 **조심해야 할 동사**   21

02과   동작의 실현과 완성 **조사 了(1)**   29

03과   상황 변화와 임박태 **조사 了(2)**   37

04과   순서를 잘 지켜야 하는 **연동문**   45

05과   너 지금 뭐 하니? **진행문**   53

06과   귀차니스트에게 유용한 **겸어문**   61

07과   동작의 지속과 유지 **동태조사 着·过**   69

08과   존재, 출현, 소실을 설명하는 **존현문**   77

09과   나도 너만큼은 해! **비교 표현(1)**   85

맛있는 중국어 작문

10과	누가 누가 잘하나? **비교 표현(2)**	93
11과	누군가에게 무슨 일이 생기면 **把字句**	101
12과	원치 않는 일을 당했을 때 **被字句**	109
13과	겹쳐 쓰면 뜻이 바뀐다! **중첩 형태**	117
14과	구체적으로 보충 설명(1) **정도보어와 결과보어**	125
15과	구체적으로 보충 설명(2) **방향보어와 시간보어**	133
16과	구체적으로 보충 설명(3) **가능보어와 동량보어**	141
17과	단문+단문=복문(1) **병렬, 순접, 점층 복문**	149
18과	단문+단문=복문(2) **선택, 인과, 전환 복문**	157
19과	단문+단문=복문(3) **가정, 목적, 조건 복문**	165
20과	중요한 내용을 표현할 때 **강조용법**	173

▶ 정답 및 해석　　　　　　　　　　　　　　　　　181

작문의 달인이 되는 필독 기본서
어법과 문장구조, 어감까지 익혀 거침없이 작문하자!

01 기본적인 문장구조부터 미묘한 어감까지! All In One 작문 학습

중국어 문장을 쓰기 위해 알아야 하는 기본적인 문장구조와 어법은 물론, 좀 더 수준 높은 문장을 구사하기 위한 복합문 구조, 한 글자로 미묘하게 달라지는 어감까지 중국어 작문의 모든 것을 종합적으로 다루고 있습니다. 올바른 중국어 문장을 쓰기 위해 필요한 원고지 작성법과 문장부호 사용법 등도 빠짐없이 익힐 수 있도록 구성하였습니다.

02 이론보다 실전! 많이 쓰고 많이 고쳐보는 실천형 작문 학습서

학습자가 직접 중국어 문장을 써볼 수 있는 기회를 최대화하였습니다. 또한 자신이 쓴 문장이 왜 틀렸는지 스스로 발견하게끔 유도하고, 나아가 잘못된 문장을 직접 교정해보면서 더욱 완벽한 중국어 문장을 쓸 수 있도록 하였습니다.

03 생생하고 현실성 있는 실용표현으로 익히는 실전형 작문 학습서

가능한 현실적이고 생동감 넘치는 한국어 표현을 중국어로 작문해볼 수 있도록 예문과 연습문제를 구성하였습니다. 지금 이 순간 내가 생각하고 사용하고 있는 한국어가 중국어로 어떻게 표현되는지 배움으로써 더욱 풍부하고 충실한 작문이 가능해집니다.

04 시도 → 발견 → 검토 → 교정 → 활용으로 이어지는 체계적인 구성

본격적인 학습 전에 일단 중국어 문장을 써보고, 직접 작문하면서 느낀 어려움을 작문 핵심 포인트로 발견하여 일목요연하게 정리해줍니다. 그런 다음, 모범 문장을 검토하고 응용하여 다시 작문해보고, 잘못된 문장을 교정하면서 확실하게 익히고, 배운 내용을 완전하게 활용할 수 있도록 연습문제로 다져줍니다.

05 초보자도 쉽게 따라 할 수 있는 작문 마스터 플랜

중국어 작문을 처음 공부하는 학습자도 쉽게 접근할 수 있도록 구성했습니다. 중국어 기초 어법을 바탕으로 글쓰기 연습을 진행함으로써 작문에서 범하기 쉬운 오류를 최대한 줄일 수 있을 것입니다. 간단하면서도 핵심 내용을 콕 집어주는 설명, 어법 주의사항과 호응하는 응용문제는 친근하고 꼼꼼한 선생님과 함께 공부하는 것 같은 효과를 줍니다.

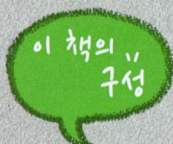

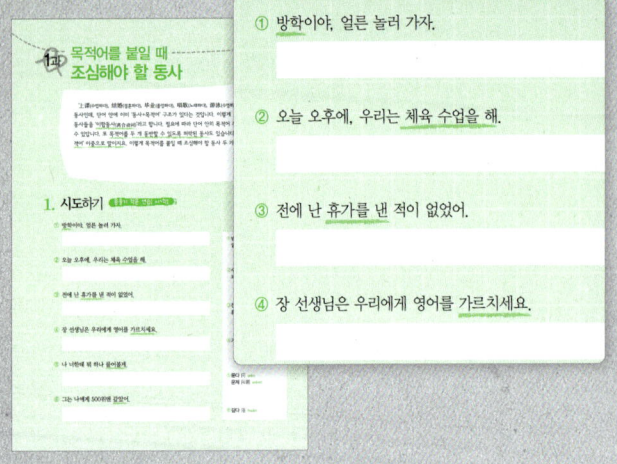

★ **인트로**

본격적인 작문 공부를 시작하기 전, 이 과에서 배울 내용을 간단히 설명해줍니다.

1. 시도하기

자신의 작문 실력을 체크해보는 코너입니다. 잘 모르는 부분이 있어도 일단 시도해 보세요! 그리고 어떤 부분에서 막히고 무엇이 제일 어려운지 곰곰이 생각해두세요.

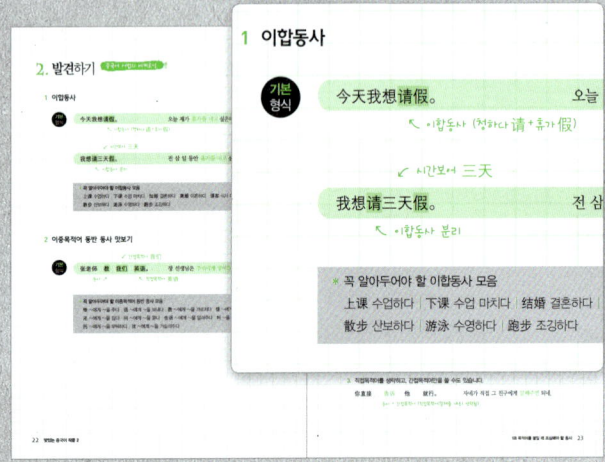

2. 발견하기

작문할 때 주의해야 할 어법을 다양한 예문을 통해 설명해줍니다. 예문 중에 나오는 '시도하기'의 모범답안을 살펴보면 내가 쓴 문장에서 어디가 왜 틀렸는지 머리에 쏙쏙 들어올 거예요.

3. 검토하기

'발견하기'에서 찾아낸 중국어 작문의 키포인트를 다시 한 번 확실히 익히는 코너입니다. 예문과 힌트를 응용해 완벽한 중국어 문장을 써보세요.

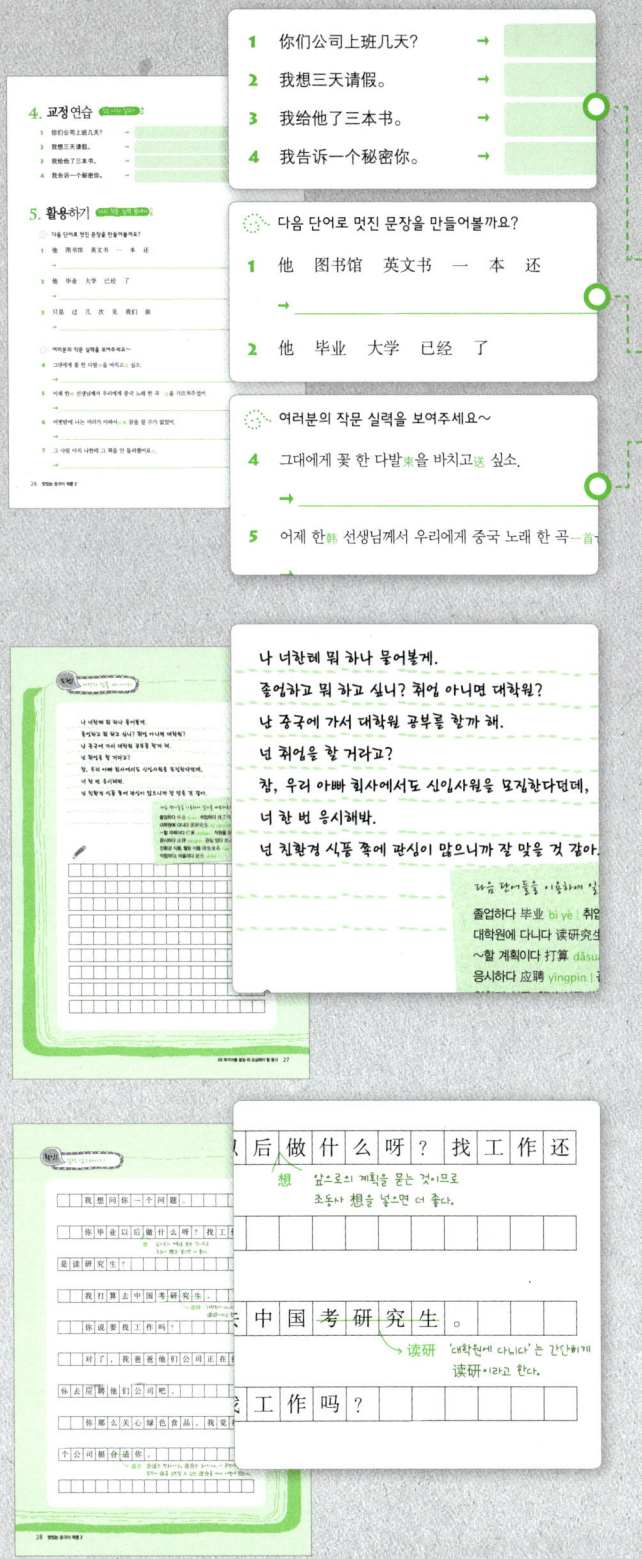

4. 교정 연습 & 활용하기

연습문제를 통해 배운 내용을 완전히 자기 것으로 만들었는지 테스트해보고, 머릿속에 단단히 집어넣는 코너입니다.

잘못된 문장을 올바르게 교정하는 연습을 통해 작문 실력을 다집니다.

제시된 단어를 올바른 어순으로 배열합니다.

한국어 문장을 중국어로 작문해보세요.

5. 도전! 나만의 심플 다이어리

중국어로 일기를 쓴다고 생각하고 작문해봅시다. 한 문장이 아니라 한 단락의 글에 도전!

6. 확인! 실력 업그레이드

'심플 다이어리' 코너의 모범답안입니다. 흔히 실수하는 부분을 일부러 오답으로 제시한 다음, 첨삭하는 과정을 보여줌으로써 확실하게 실력을 업그레이드 시켜줍니다.

중국어 작문, 이렇게 정복하자!

01 중국을, 중국인을, 중국 문화를 이해하자.

많은 분들이 쉽고 빠르게 중국어를 마스터하기를 바랍니다. 중국어 공부에 왕도는 없습니다. 다만 남들보다 조금 빠르게 갈 수 있는 방법이 있는데, 중국을 바로 알고, 중국 문화를 이해하고, 중국인의 생각을 파악하는 것입니다. 언어는 하루아침에 하늘에서 뚝딱 하고 떨어진 게 아닙니다. 그러니 중국어를 쓰고 있는 중국인을 이해해야 합니다. 우리는 중국어를 배우면서 중국어의 기본 어순은 '주어+서술어+목적어'라고 반복해서 외우지만, 과정을 중시하는 중국인의 사고방식을 이해하면 '주술목, 주술목' 하며 주술 외우듯 하지 않아도 된다는 것이지요. 오늘부터 중국 문화에 관련된 책을 많이 보세요! 그 안에 중국어가 들어 있답니다.

02 중국어 어법을 친구로 삼자.

어떤 분들은 그러십니다. "이번에 新HSK에 어법 영역이 빠졌던데, 그럼 어법 공부는 안 해도 되지요?" 여러분도 혹시 그렇게 생각하시나요? 언어를 배울 땐 어법이 기본입니다. 우리가 의식하지 않고 있어서 그렇지 자음접변, 구개음화, ㄹ 탈락 현상, 어미 변화, 체언, 용언 등 우리말에도 어려운 어법이 얼마나 많은데요. 우리말 어법에 비하면 중국어 어법은 정말 엄청~~ 간단하다니까요. 그러니 어법을 튼튼히 다져놓으세요. 특히나 작문을 잘하고 싶은 분들은 어법과 더 친하게 지내셔야 해요. 그래야 작문고수가 될 수 있습니다.

03 중국어 작문을 잘하려면 한국 문학작품을 많이 읽자.

주위에 중국어 회화를 잘하는 사람을 보면 우리말 구사 능력도 뛰어나다는 사실을 알 수 있을 것입니다. 마찬가지로 우리말로 글쓰기를 잘하면 중국어 작문도 잘합니다. 좋은 글은 무엇보다도 좋은 내용에서 시작되기 때문이지요. 따라서 평소 폭넓게 독서하고 다양한 주제에 대해 논리적으로 생각해보는 습관을 기르는 것이 중요합니다. 아무리 많은 중국어 단어를 암기하고 중국어 어법을 술술 설명한다 해도 쓰고자 하는 내용이 두서가 없고 뒤죽박죽이라면 절대로 매끄러운 문장이 나올 수 없겠지요. 좋은 글을 하루에 한 쪽이라도 읽는 습관을 기르세요.

04 좋은 문장은 베껴 쓰고, 요약하자.

'만 권의 책을 읽으면 어떤 글도 쓸 수 있다'라는 말이 있지요. 글쓰기에 '읽기'가 그만큼 도움이 많이 된다는 뜻입니다. 여기에 더해 좋은 글을 직접 베껴 써본다면 더 좋은 글을 쓸 수 있겠지요. 매일매일 할 일이 너무너무 많으시겠지만 그 중에서 단 10분이라도 쪼개서 중국어로 된 좋은 문장을 베껴 써보세요. 나중에 여러분이 좋은 글을 쓰시는데 지대한 공헌을 합니다. 그리고 짧은 문장이어도 좋고 긴 문장이어도 좋으니, 중국어 문장을 읽은 후엔 그 문장을 요약하는 습관을 길러보세요. 이 또한 여러분의 작문 실력에 피가 되고 살이 됩니다.

05 하루에 한 줄이라도 매일 쓰자.

외국어 학습법 중에서 '꾸준히'만큼 무서운 학습법은 없습니다. 꾸준히 일주일, 한 달, 일 년…… 그렇게 '꾸준히' 하다 보면 반드시 실력이 향상됩니다. 작문도 마찬가지입니다. 제가 학생들에게 항상 당부하는 말 중 하나가 "매일 한 줄이라도 쓰세요"입니다. 한 줄이라고 하면 우습지만 시간이 흐르면서 그 한 줄이 10줄, 100줄이 됩니다. 일기도 좋고 다른 사람 흉도 좋고 죽기 전에 꼭 하고 싶은 일 목록도 좋습니다. 매일 정해진 시간에 직접 손으로 사전 찾아가며 한 줄만 써보세요. 거기서부터 작문 실력의 파란 싹이 돋아날 것입니다.

06 화려한 문장보다 올바른 문장을 쓰자.

걸음마 시작하자마자 바로 뛰고 싶어지는 게 사람의 욕심이죠. 여러분도 작문을 시작한 뒤 조금 실력이 는 것 같으면 마음이 급해져 얼른 멋지고 화려한 문장을 써보고 싶다는 욕심이 생길 겁니다. 그래도 꾹~~ 참으시고, 일단 짤막하고 단순하더라도 오류가 없는 문장을 많이 써보는 게 좋습니다. 기초공사를 튼튼하게 하지 않으면 부실공사가 되어 건물이 언제 무너질지 모르잖아요. 그러니 처음부터 멋진 문장을 쓰려는 노력보다는 내가 알고 있는 단어로 간단하지만 결점 없는 문장을 쓰는 것이 중요합니다. 괜히 멋진 문장 쓰려다 단어 찾는 데 시간 오래 걸리고 문장도 매끄럽지 않아서 스트레스를 받다 보면 부실 건물이 무너지듯 여러분의 중국어 의욕이 상실될 수 있으니까요.

선행학습 하나!

자주 쓰는 복문 익히기

★ 병렬관계

| 一边…一边… ~하면서 ~하다 | 也…也… ~하고, (역시) ~하다 |
| 既…又… ~하고 (또) ~하다 | 又…又… ~하기도 하고 ~하다 |

- 我们一边走一边聊吧! 우리 걸으면서 얘기 나누죠.
- 你也来了，他也来了，可以开会了。 너도 왔고, 저 친구도 왔으니 회의를 시작해도 되겠네.

★ 순접관계

| 先…然后… 먼저 ~하고, 그런 다음 ~하다 | 先…再… 먼저 ~하고, 다시 ~하다 |
| …就… ~하고 바로 ~하다 | …接着… ~하고 이어서 ~하다 |

- 我先坐地铁去南京路，再坐车去豫园。 난 지하철을 타고 난징 로에 가서, 다시 차를 타고 예원에 가.
- 学校一放假，我们就去苏州玩儿。 학교가 방학을 하기면 하면, 우리는 쑤저우에 놀러 갈 거야.

★ 점층관계

不但…而且… ~뿐 아니라, 게다가 ~하다	不仅…也… ~뿐 아니라, ~도 ~하다
不光… 还… ~뿐 아니라, 또 ~하다	不只…也… ~뿐 아니라, ~도 ~하다
…甚至… 심지어	

- 他不但会做菜，而且会看孩子。 그는 요리를 할 수 있을 뿐 아니라 아기도 잘 본다.
- 这个演员，小孩、大人，甚至七八十岁的老人都喜欢。
  이 배우는 어린아이나 어른이나 심지어 칠팔십 된 어르신들까지 좋아한다.

★ 선택관계

| 或者…或者… ~하거나 ~하다 | 不是A，就是B A 아니면 B이다 |

与其A，不如B A하는 건 B하느니만 못하다
宁可A，也不B A할지언정 B하지 않는다

- 最近天气不好，不是下雨，就是大雾。 요즘 날씨가 안 좋아, 비 아니면 안개가 낀다.
- 与其考试前开快车，不如平时好好复习。
  시험 전에 벼락치기 하느니, 평소에 복습을 열심히 하는 게 낫지.

★ 인과관계

因为…所以… ~이기 때문에, ~하다   由于…因而… ~로 인해서, 그리하여 ~하다
既然…就… 기왕 ~했으니, ~하겠다
之所以…是因为… ~한 것은, ~이기 때문이다

- 因为你去，所以我也去。 네가 가니까 나도 가는 거야.
- 既然这样，你就好好休息一下吧。 이왕 이렇게 됐으니, 푹 쉬라고.

★ 가설관계

如果… 就(那么)… 만약 ~하면 바로(그러면) ~하다
假如… 就… 만약 ~하면 ~하다   要是… 就… 만약 ~하면 ~하다
哪怕… 也… 설령 ~일지라도 ~하겠다

- 如果你想来的话，我就去接你。 만약에 네가 온나고 하면, 내가 마중 갈게.
- 假如你对我们有些意见，你就提出来。 만약에 네가 우리에게 불만이 있으면, 얘기해라.

≫ 자주 쓰는 복문 익히기

★ **조건관계**

| 只要…就… ~하기만 하면, ~하다 | 只有…才… 오로지 ~해야만 비로소 ~하다 |
| 除非…才… ~해야만 비로소 ~하다 | 无论…都… ~을 막론하고, 다 ~하다 |

- 只要大家有信心，我们就克服困难。 모두에게 믿음만 있다면, 우리는 어려움을 극복할 수 있다.
- 只有付出，才会有回报。 대가를 치러야만 뭔가를 얻을 수 있다.

★ **전환관계**

虽然(虽)…但是(但)… 비록 ~하지만, 그러나 ~하다
虽说…可是… 비록 ~하지만, 그러나 ~하다
尽管…却… 비록 ~일지라도, 오히려 ~하다

- 明明虽然话这么说，但是他也就是一个刀子嘴豆腐心。
  밍밍이가 말은 이렇게 하지만, 그 친구도 말만 사납지 마음은 물러 터졌다고.
- 尽管外边下着大雪，他还是出去了。 밖에 눈이 많이 내림에도 불구하고, 그는 나갔다.

★ **목적관계**

| 为了… ~를 위해 | 以便… ~하기 쉽도록 |
| 以免… ~하지 않도록 | 省得… ~하지 않도록 |

- 我为了了解中国来到中国。 나는 중국을 이해하기 위해 중국에 왔다.
- 为了我们的合作成功干杯！ 우리의 합작이 성공하길 바라며 건배!

여러 가지 성어·속담 익히기

1. **刀子嘴，豆腐心** 말은 사나워도 마음은 부드럽다
   dāozi zuǐ, dòufu xīn

   他早已看明白她一向是刀子嘴豆腐心。
   그는 벌써부터 그녀가 말은 사나워도 마음은 약해빠졌다는 걸 알고 있었다.

2. **哪阵风把你吹来了** 무슨 바람이 불어서 왔나
   nǎ zhèn fēng bǎ nǐ chuīlai le

   老李啊，今天是哪阵风把你吹来了？
   이 씨, 오늘은 무슨 바람이 불어서 왔나?

3. **跳进黄河也洗不清** 누명을 벗기 힘들다
   tiàojìn Huáng Hé yě xǐ bu qīng

   人有时总会遇见些跳进黄河也洗不清的冤枉。
   사람은 때때로 억울한 누명을 쓰는 일이 있다.

4. **过了这个村儿，就没这个店了** 기회는 한 번 가면 다시 오지 않는다
   guò le zhège cūnr, jiù méi zhège diàn le

   这么便宜的好东西应该多买，过了这个村儿就没这个店了。
   이렇게 싼 물건은 많이 사야지, 이번 기회를 놓치면 다신 기회가 없어요.

5. **脚踏两只船** 양다리 걸치다
   jiǎo tà liǎng zhī chuán

   笑阳和丽丽都是不错的女孩子，不要玩脚踏两只船的游戏。
   시아오양과 리리는 다 괜찮은 여자애니까, 양다리 걸치는 장난 같은 거 치지 마라.

≫ 여러 가지 성어·속담 익히기

6. **不怕一万，就怕万一** 생각지도 않은 일이 일어나는 것이 두렵다
bú pà yíwàn, jiù pà wànyī

这样的事情，不怕一万，就怕万一。
이런 일은 예상치 못한 변수가 생길까 봐 걱정이지.

---

7. **三天打鱼，两天晒网** 작심삼일
sān tiān dǎ yú, liǎng tiān shài wǎng

大家学习不要三天打鱼，两天晒网。
여러분, 공부할 땐 작심삼일 하지 마세요.

---

8. **车到山前必有路** 하늘이 무너져도 솟아날 구멍이 있다
chē dào shān qián bì yǒu lù

不要伤心难过了，车到山前必有路嘛。
너무 마음 상해하지 마, 하늘이 무너져도 솟아날 구멍은 있잖아.

---

9. **一块石头落了地** 한숨 돌리다, 부담을 덜다
yí kuài shítou luò le dì

拿到回家的机票我这一块石头才算落了地。
집에 가는 비행기 표를 받았으니, 한숨 돌린 셈이지 뭐.

---

10. **说得比唱得还好听** 말만 그럴 듯하게 하고 행동으로 옮기지 않는다
shuō de bǐ chàng de hái hǎotīng

您真是说得比唱得还好听。
넌 정말이지 말만 그럴 듯하구나.

11. 人不可貌相 사람은 겉모습만 보고 판단해선 안 된다
rén bùkě màoxiàng

人不可貌相，以后别这么说人家。
사람은 외모로 평가해선 안 되는 거야, 앞으론 이런 식으로 그 친구를 말하지 마.

---

12. 睁一只眼闭一只眼 보고도 못 본 척하다
zhēng yì zhī yǎn bì yì zhī yǎn

对部下要睁一只眼，闭一只眼，睁眼重视他的长处。
부하직원 일은 보고도 못 본 척 눈감아 주고, 눈을 크게 뜨고 장점을 높이 사주면 돼.

---

13. 胖子不是一口吃成的 로마는 하루아침에 이루어진 게 아니다
pàngzi bú shì yì kǒu chīchéng de

胖子不是一口吃成的，得一口一口来。
로마는 하루아침에 이루어진 게 아니라고, 천천히 이루어가는 거지.

---

14. 失败是成功之母 실패는 성공의 어머니
shībài shì chénggōng zhī mǔ

失败是成功之母，我们应该从失败中吸取教训。
실패는 성공의 어머니야, 우리는 실패 속에서 교훈을 얻어야 해.

---

15. 天上掉馅饼 공짜나 횡재 등이 생기다
tiānshang diào xiànbǐng

天上不会掉馅饼，馅饼要靠我们自己去做。
세상에 공짜로 되는 일은 없다, '파이'는 우리 스스로 만들어가는 것이다.

여러 가지 성어·속담 익히기

16. **家常便饭** 일상다반사
　　　jiā cháng biàn fàn

高中生考试那是家常便饭，很多人已经习以为常了。
고등학생이 시험 보는 일은 일상다반사라, 많은 아이들이 이미 그러려니 한다.

---

17. **狗嘴里吐不出象牙来** 못된 사람 입에서 좋은 말 안 나온다
　　　gǒu zuǐ li tǔ bu chū xiàngyá lái

那个人是狗嘴里吐不出象牙来，鬼才信他的话。
저 친구 입에서 좋은 말이 나올 리가 없어, 귀신이나 저 친구 말을 믿을까.

---

18. **心有余而力不足** 마음은 있지만 능력이 안 된다
　　　xīn yǒu yú ér lì bù zú

明明，我也很想帮助你，但我实在是心有余而力不足。
밍밍아, 나도 널 정말 돕고 싶지만, 마음만 넘치고 능력이 안 되는구나.

---

19. **太阳从西边出来** 해가 서쪽에서 뜨다
　　　tàiyáng cóng xībian chūlai

呀，是明明吧，今天太阳从西边出来了吗，起得这么早!
이야! 밍밍이 맞지, 오늘 해가 서쪽에서 떴나, 어쩜 이렇게 일찍 일어나셨을까?

---

20. **谢天谢地** 천지신명(하느님)께 감사하다, 다행스럽다
　　　xiè tiān xiè dì

谢天谢地，我们最终拿到了冠军。
감사하게도, 우리는 결국 우승을 했다.

1과 목적어를 붙일 때 조심해야 할 동사

'上课(수업하다), 结婚(결혼하다), 毕业(졸업하다), 唱歌(노래하다), 游泳(수영하다)'의 공통점은? 품사는 동사인데, 단어 안에 이미 '동사+목적어' 구조가 있다는 것입니다. 이렇게 처음부터 목적어를 가진 동사들을 '이합동사(离合动词)'라고 합니다. 필요에 따라 단어 안의 목적어 부분을 뗐다 붙였다 할 수 있답니다. 또 목적어를 두 개 동반할 수 있도록 허락된 동사도 있습니다. '간접목적어'와 '직접목적어' 이중으로 말이지요. 이렇게 목적어를 붙일 때 조심해야 할 동사 두 가지를 알아봅시다.

1. 시도하기 — 몸풀기 작문 연습! 시~작!

① 방학이야, 얼른 놀러 가자.

① 방학하다 放假 fàng jià
얼른 赶紧 gǎnjǐn

② 오늘 오후에, 우리는 체육 수업을 해.

② 수업을 하다 上课 shàng kè
체육 体育 tǐyù

③ 전에 난 휴가를 낸 적이 없었어.

③ 전에 以前 yǐqián
휴가 내다 请假 qǐng jià

④ 장 선생님은 우리에게 영어를 가르치세요.

④ 가르치다 教 jiāo

⑤ 나 너한테 뭐 하나 물어볼게.

⑤ 묻다 问 wèn
문제 问题 wèntí

⑥ 그는 나에게 500위엔 갚았어.

⑥ 갚다 还 huán

2. 발견하기 *중국어 어법의 세계로~!*

1 이합동사

今天我想请假。　　　　　　　　오늘 제가 휴가를 내고 싶은데요.
　　　　↖ 이합동사 (청하다 请 + 휴가 假)

　　　　↙ 시간보어 三天
我想请三天假。　　　　　　　　전 삼 일 동안 휴가를 내고 싶어요.
　　↖ 이합동사 분리

* 꼭 알아두어야 할 이합동사 모음
  上课 수업하다 | 下课 수업 마치다 | 结婚 결혼하다 | 离婚 이혼하다 | 请客 식사 대접하다 | 生气 화내다
  散步 산보하다 | 游泳 수영하다 | 跑步 조깅하다

2 이중목적어 동반 동사 맛보기

　　　　　　　↙ 간접목적어 我们

张老师　教　我们　英语。　　　장 선생님은 우리에게 영어를 가르치세요.
　동사 ↗　　　↖ 직접목적어 英语　　　← 시도하기 ④

* 꼭 알아두어야 할 이중목적어 동반 동사 모음
  给 ~에게 ~을 주다 | 送 ~에게 ~을 보내다 | 教 ~에게 ~을 가르치다 | 借 ~에게 ~을 빌리다 |
  还 ~에게 ~을 갚다 | 问 ~에게 ~을 묻다 | 告诉 ~에게 ~을 알려주다 | 叫 ~을 ~라고 부르다 |
  托 ~에게 ~을 부탁하다 | 找 ~에게 ~을 거슬러주다

3 이합동사 주의사항

1. 이합동사는 그대로 쓰이기도 하고, 이합동사 속 동사와 목적어 사이에 기타성분이 들어갈 경우에는 분리되어 쓰입니다.

放假了，赶紧出去玩儿吧。　　　방학이야, 얼른 놀러 가자. ← 시도하기 ①
我们快要结婚了。　　　　　　　우리 곧 결혼해요.
今天下午，我们上体育课。　　　오늘 오후에, 우리는 체육 수업을 해. ← 시도하기 ②
以前我没请过假。　　　　　　　전에 난 휴가를 낸 적이 없었어. ← 시도하기 ③

2. '동사+보어' 구조의 이합동사와 동태조사 결합 시, '이합동사+동태조사'의 어순을 취합니다.

李哥，这事儿我也听说了。　　　이 형, 이 일에 대해선 저도 들었어요.

3. 이합동사를 중첩할 때, 동사 부분만 중첩합니다.

我们出去散散步吧。　　　　　　우리 나가서 산책 좀 해요.

4 이중목적어 동반 동사 주의사항

1. 조동사를 쓸 때, '조동사+동사'의 어순을 취합니다.

我　想　问　你　一个问题。　　나 너한테 뭐 하나 물어볼게. ← 시도하기 ⑤
　조동사 + 동사 + 간접목적어 + 직접목적어

2. 동태조사와 결합할 때, '동사+동태조사'의 어순을 취합니다.

他　还　了　我　五百块钱。　　그는 나에게 500위엔 갚았어. ← 시도하기 ⑥
　동사 + 동태조사 + 간접목적어 + 직접목적어

3. 직접목적어를 생략하고, 간접목적어만을 쓸 수도 있습니다.

你直接　告诉　他　就行。　　　자네가 직접 그 친구에게 말해주면 되네.
　동사 + 간접목적어 {직접목적어(말해줄 내용) 생략됨}

3. 검토하기 아~ 이게 이거였구나~!

① 날씨가 너무 좋아, 우리 산책하러 나가요.

➪ **天气好极了，我们出去散步吧。**
　　　　　　　　　　　　이합동사

　응용표현 날씨가 너무 덥다. 해변으로 수영하러 游泳 가자.

　➪ _____

② 아가씨, 저희들 사진 한 장만 찍어주시겠어요?

➪ **小姐，你帮我们照张相，好吗?**
　　　　　　　　　　　이합동사 照相

　응용표현 우리 시간 내서 같이 밥 한 끼顿 먹죠? (이합동사+기타성분)

　➪ _____

③ 수업 끝나고 기숙사로 가서 계속 자려고.

➪ **我打算下了课回宿舍继续睡。**
　　　　　　　　　　이합동사 중 동사 부분만 씀

　응용표현 계속 불러봐요唱, 목소리가 참 듣기 좋아요.

　➪ _____

④ 난 강姜 선생님의 수업을 들은 적이 있는데, 그분 강의를 아주 잘하셔.

➪ **我上过姜老师的课，他讲得特别好。**
　　　　　이합동사 上课

　응용표현 우린 두 시간 동안 춤을 췄어跳舞.

　➪ _____

⑤ 너 나한테 밍밍이 전화번호 알려줄 수 있니?

➪ **你能告诉我明明的电话号码吗?**
　　　이중목적어 동반 동사

　　응용표현 너 언제 나한테 돈 갚을还 생각이니?
　　➪ _____

⑥ 왕 선생님은 우리에게 토플托福 문법을 가르치신다.

➪ **王老师教我们托福语法。**
　　　이중목적어 동반 동사

　　응용표현 그 사람한테 밍밍이 어디 있는지 물어봐요问.
　　➪ _____

⑦ 우리는 그분을 습관적으로 대장님이라 부른다.

➪ **我们习惯叫他老大。**
　　　이중목적어 동반 동사

　　응용표현 나는 그에게서 볼펜 한 자루를 빌렸다借了.
　　➪ _____

⑧ 그는 날 사랑한다고 하면서, 한 번도 나한테 선물을 한 적은 없다.

➪ **他说爱我，可他从来没送过我礼物。**
　　　　　　　　　　　이중목적어 동반 동사

　　응용표현 그들은 나에게 많은 도움을 준 적이 있다给过.
　　➪ _____

4. 교정 연습 앗! 나의 실수~

1 你们公司上班几天? →
2 我想三天请假。 →
3 我给他了三本书。 →
4 我告诉一个秘密你。 →

5. 활용하기 나의 작문 실력 뽐내기

다음 단어로 멋진 문장을 만들어볼까요?

1 他　图书馆　英文书　一　本　还
   → _____

2 他　毕业　大学　已经　了
   → _____

3 只是　过　几　次　见　我们　面
   → _____

여러분의 작문 실력을 보여주세요~

4 그대에게 꽃 한 다발束을 바치고送 싶소.
   → _____

5 어제 한韩 선생님께서 우리에게 중국 노래 한 곡一首을 가르쳐주셨어.
   → _____

6 어젯밤에 나는 머리가 아파서头疼 잠을 잘 수가 없었어.
   → _____

7 그 사람 아직 나한테 그 책을 안 돌려줬어요还.
   → _____

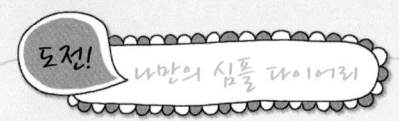

나 너한테 뭐 하나 물어볼게.
졸업하고 뭐 하고 싶니? 취업 아니면 대학원?
난 중국에 가서 대학원 공부를 할까 해.
넌 취업을 할 거라고?
참, 우리 아빠 회사에서 신임사원을 모집한다던데,
너 한 번 응시해봐.
넌 친환경 식품 쪽에 관심이 많으니까 잘 맞을 것 같아.

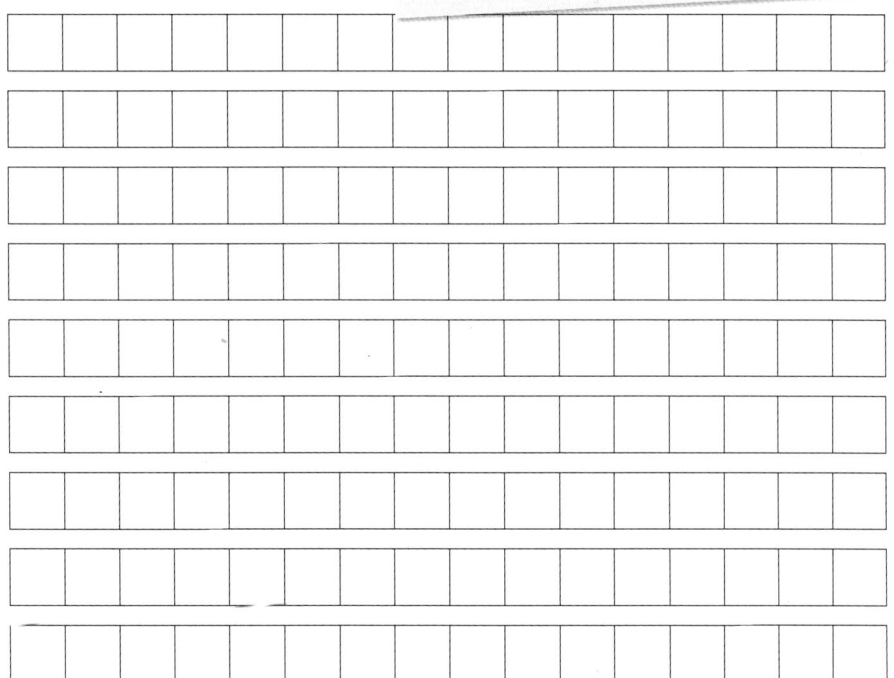

다음 단어들을 이용하여 일기를 써보세요!

졸업하다 毕业 bì yè | 취업하다 找工作 zhǎo gōngzuò |
대학원에 다니다 读研究生 dú yánjiūshēng |
~할 계획이다 打算 dǎsuan | 직원을 모집하다 招聘 zhāopìn |
응시하다 应聘 yìngpìn | 관심 있다 关心 guānxīn |
친환경 식품, 웰빙 식품 绿色食品 lǜsè shípǐn |
적합하다, 어울리다 适合 shìhé

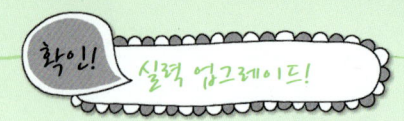

　　我想问你一个问题。

　　你毕业以后做什么呀？找工作还是读研究生？

> 想　앞으로의 계획을 묻는 것이므로 조동사 想을 넣으면 더 좋다.

　　我打算去中国考研究生。

> 读研　'대학원에 다니다'는 간단하게 读研이라고 한다.

　　你说要找工作吗？

　　对了，我爸爸他们公司正在招聘，你去应聘他们公司吧。

　　你那么关心绿色食品，我觉得这个公司挺合适你。

> 适合　合适는 형용사이고, 适合는 동사이다. 이 문장에서는 목적어 你를 동반할 수 있는 适合를 써야 어법에 맞는다.

2과 동작의 실현과 완성
조사 了 (1)

"우리 오늘 사귄 지 100일이 됐어." "저번에 그 청바지 있잖아, 어제 인터넷으로 질렀어."
이렇게 이미 일어난 일이나, 완성된 동작을 설명할 때 꼭 필요한 조사가 바로 조사 了입니다. 또 '~한 다음 바로 ~하다'라는 표현에도 了가 꼭 들어가요. 내가 뭘 했는지 그 다음에는 뭘 할 것인지 막힘없이 이야기하려면, 조사 了를 제대로 쓸 수 있어야겠습니다.

1. 시도하기 몸풀기 작문 연습! 시~작!

① 그는 호주에 갔어요.

① 가다 去 qù
호주 澳大利亚 Àodàlìyà

② 우리 언니는 양말을 두 켤레 샀어요.

② 켤레(양말의 양사)
双 shuāng
양말 袜子 wàzi

③ 그녀는 옷을 사지 않았어요.

③ 옷 衣服 yīfu

④ 너 뭐 먹었니?

⑤ 그 사람 봤어, 못 봤어?

⑤ ~했는가?
了没有 le méiyǒu

⑥ 매일 수업을 마치면 전 바로 집으로 가요.

⑥ ~하고 바로 ~하다
了…就… le…jiù…

2. 발견하기 _중국어 어법의 세계로~!_

1 조사 了 파악하기

我已经吃饭了。　　　　　　　　　전 이미 밥 먹었어요.
　　　　↖ 동작의 실현

我吃了两碗米饭。　　　　　　　　전 밥을 두 그릇 먹었어요.
　　↖ 동작의 완성

他吃了晚饭就出去了。　　　　　　그 애는 저녁을 먹고는 바로 나갔단다.
　　↖ 동작을 완료하고, 바로 다음 동작 수행

2 조사 了의 특징

중국어에서 了처럼 다양한 모습으로 변신을 하는 단어도 드물 것입니다. 了는 다양한 용법으로 쓰이면서 중국어 문장을 맛깔스럽게 만들어줍니다. 누군가 이미 어떤 일을 했을 때 문장 끝에 了를 씁니다(동작의 실현). 구체적으로 어떤 동작을 마쳤을 때는 동사 뒤에 了를 씁니다(동작의 완성). 하지만 과거에 이미 일어났던 일이라 해도 습관적으로 일어난 동작에 대해서는 了를 쓰지 않습니다.

3 조사 了 핵심 Point

1. 어떤 일이 이미 실현되었음을 표현할 때, 문장 끝에 了를 씁니다.

　　他去澳大利亚了。　　　　　그는 호주에 갔어요. ← 시도하기 ❶

　　我买衣服了。　　　　　　　난 옷을 샀어요.

> ＊ 了를 쓸 때는 과거 시제를 나타내는 '부사어'가 등장하는 경우가 많습니다.
> 　我朋友已经回国了。　내 친구는 이미 귀국했어.
> 　你刚才去哪儿了?　너 방금 어디 갔었어?

2. 구체적인 어떤 동작을 완성했을 때, 동사 뒤에 了를 씁니다.

   我姐姐买了两双袜子。　　　우리 언니는 양말을 두 켤레 샀어요. ← 시도하기 ❷
   你吃了什么东西?　　　　　너 뭐 먹었니? ← 시도하기 ❹

3. 了의 부정형은 没有입니다. 有는 생략할 수 있습니다. '아직 어떤 일을 하지 않았다'라고 할 때는 '还没…呢' 형식을 씁니다.

   她没买衣服。　　　　　　그녀는 옷을 사지 않았어요. ← 시도하기 ❸
   他还没报名呢。　　　　　그는 아직 등록하지 않았어요.

4. 了를 쓰는 문장의 정반의문문은 '了没有' 형식을 사용합니다.

   他看了没有?　　　　　　그 친구 봤어, 못 봤어? ← 시도하기 ❺
   你到北京了没有?　　　　자네 베이징에 도착했나, 안 했나?

5. '어떤 동작을 한 다음, 바로 다음 동작을 한다'라는 의미로 '了…就…' 용법을 씁니다.

   每天下了课我就回家。　　매일 수업을 마치면 전 바로 집으로 가요. ← 시도하기 ❻
   他坐了一会儿就走了。　　그 친구는 잠시 앉아 있다가 바로 갔어요.

6. 규칙적이고 습관적으로 이루어지는 일에는 了를 붙이지 않습니다. '每, 经常, 常常' 등의 단어가 함께 등장하는 경우가 많습니다.

   明明经常去书店看书。　　밍밍이는 자주 서점으로 책을 보러 갑니다.
   작년에 나는 매일 운동하러 갔어요.　　去年我每天去锻炼身体。(○)
   　　　　　　　　　　　　　　　　　去年我每天去锻炼了身体。(×)

3. 검토하기   아~ 이게 이거였구나~!

① 난 이미 밥 먹었어.

⇨ 我已经吃饭了。
    이미 발생한 동작

응용표현 어제 오후에 그 애는 학교로 돌아갔어.

⇨ _____

② 그 사람 아직 안 갔어요.

⇨ 他还没走呢。
    还没+서술어+呢 : 아직 ~하지 않았다

응용표현 밍밍이가 아직 도착하지 않았어요. 우리 조금만 더 기다려요.

⇨ _____

③ 너 뭐 샀니?

⇨ 你买了什么东西?
      동작의 완성

응용표현 나는 인터넷에서 아버지께 드릴 생신 선물을 하나 샀다.

⇨ _____

④ 너 신문 봤어, 안 봤어?

⇨ 你看报纸了没有?
           了 정반의문문

응용표현 너 어머니께 전화 했어, 안 했어?

⇨ _____

⑤ 매일 나는 수영하러 간다.

⇨ **每天我都去游泳。**
습관적 동작일 경우 了 생략

응용표현 나는 전에以前 자주常常 신화서점新华书店에 다녔어.

⇨ _____

⑥ 방금 전에 나는 맥주를 두 잔 마셨어.

⇨ **刚才我喝了两杯啤酒。**
동작의 완성

응용표현 나 시장에 가서 사과 세 근이랑 포도 네 근을 샀어.

⇨ _____

⑦ 내일 상하이에 도착하면 바로 너에게 전화할게.

⇨ **明天我到了上海就给你打电话。**
了…就… : ~하고 나서, 바로 ~하다

응용표현 그녀는 옷을 갈아입고 바로 나갔어요.

⇨ _____

⑧ 나 오늘 일기예보 못 봤어.

⇨ **我没看今天的天气预报。**
了의 부정형 : 没(有) + 서술어

응용표현 밍밍이는 운동회에 참가하지 못했어.

⇨ _____

4. 교정 연습

1 我去商店买一辆自行车了。　→
2 我没有看了这本小说。　→
3 我每天学习了一个小时汉语。　→
4 明天我吃完早饭就去你那儿了。　→

5. 활용하기

다음 단어로 멋진 문장을 만들어볼까요?

1 我　吃　今天中午　只　了　面条　一　碗

   → _____

2 昨天　电影　你们　了　看　没有

   → _____

3 每天　吃　我们　晚饭　俩　了　就　散步　去　公园

   → _____

여러분의 작문 실력을 보여주세요~

4 그 사람 베이징으로 출장갔어요 出差.

   → _____

5 난 그 사람이 준 선물 礼物을 아직 못 봤어요.

   → _____

6 밍밍이는 집에 돌아왔나요? (정반의문문)

   → _____

7 나는 셔츠 衬衫 한 장과 바지 裤子 두 벌을 샀어.

   → _____

오늘 엄마랑 자전거를 보러 갔었어.
근데 내 마음에 드는 건 엄청나게 비싸고,
엄마 마음에 든다는 건 또 내 마음에 안 드는 거야.
결국 한 달 동안 아빠 구두를 닦기로 하고,
내 마음에 드는 자전거를 샀어.
내일 타고 나가면 우리 아파트에서 내 자전거가 가장 멋질 거야!

다음 단어들을 이용하여 일기를 써보세요!

맘에 들다 喜欢 xǐhuan | 비싸다 贵 guì |
구두를 닦다 擦皮鞋 cā píxié |
가장 멋지다 最神气的 zuì shénqì de

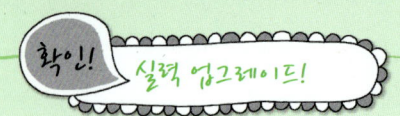

|今|天|我|跟|妈|妈|一|起|去|看|自|行|车|了|。|

|可|是|，|我|喜|欢|的|贵|得|要|命|，|妈|妈|

|喜|欢|的|，|我|却|不|喜|欢|。|

又 부정의 어감을 강조하기 위해 又를 사용한다.

|最|后|，|我|答|应|妈|妈|擦|爸|爸|的|皮|鞋|

要 의지를 나타내므로 조동사 要로 표현한다.

|一|个|月|，|这|样|就|买|到|了|那|辆|我|喜|欢|的|

才 우여곡절을 거쳐 내가 좋아하는 자전거를 샀으므로 부사 才를 쓴다.

|自|行|车|。|

|明|天|我|骑|着|车|出|去|，|我|们|小|区|的|

|自|行|车|中|，|它|肯|定|是|最|神|气|的|！|

3과 상황 변화와 임박태 조사 了(2)

"요즘 날씨가 왜 이래? 아침까지만 해도 맑더니 갑자기 소나기야. 이러다 곧 천둥 치겠다."
이렇게 상황의 변화, 어떤 일이 금방 일어날 것 같은 상태(임박태)를 표현할 때도 조사 了를 쓴답니다. 명실상부한 팔색조, 了의 여러 기능을 마스터해야 자연스럽고 유려한 중국어 문장을 쓸 수 있다는 사실을 꼭 명심하세요.

1. 시도하기 몸풀기 작문 연습! 시~작!

① 그 사람 병이 나았어.

① 병 病 bìng
　~해지다 了 le

② 나도 더 이상 마시기 싫어졌어.

② ~도 也 yě
　더 이상 ~하지 않다
　不…了 bù…le

③ 그가 간 지 한 달이 되었는데도 아직 소식이 없어.

③ 가다 走 zǒu
　그러나 可是 kěshì
　소식 消息 xiāoxi

④ 비가 올 것 같은데, 우산 가져왔어?

④ ~하려고 하다
　要…了 yào…le
　우산 伞 sǎn
　가지고 오다 带 dài

⑤ 설이 곧 돌아와서, 저는 집으로 설을 쇠러 가려고 해요.

⑤ 설 春节 Chūnjié
　곧 ~하려 하다
　快…了 kuài…le
　설을 쇠다 过年 guò nián

⑥ 잠시 후면 기차가 출발해, 얼른 차에 타.

⑥ 잠시 후 一会儿 yíhuìr
　곧 ~하게 된다
　就要…了 jiùyào…le

2. 발견하기 중국어 어법의 세계로~!

1 조사 了 파악하기

了는 문장에서 상황의 변화를 나타내기도 하고, 어떤 일이 곧 발생하려 한다는 의미(임박태)로도 쓰입니다. 了가 상황의 변화를 나타낼 때는 '형용사, 명사, 是, 有, 没有, 조동사 该, 가능보어의 부정형, 不, 의문사 怎么' 등 다양한 단어와 호응을 이룹니다.

春天了, 花开了。 봄이 되고, 꽃이 피었습니다.
↖ 상황의 변화 : ~하게 되다

我不想去旅行了。 저 여행 가고 싶지 않아졌어요.
↖ 상황의 변화 : 더 이상 ~하지 않다

要下雨了, 你带伞了吗? 비가 올 것 같은데, 우산 가져왔어?
↖ 임박태 : 곧 ~하려고 하다   ← 시도하기 ④

2 조사 了 주의사항

1. 여러 가지 형식으로 상황의 변화를 나타냅니다.

他的病好了。 그 사람 병이 나았어. ← 시도하기 ①
我也不想喝了。 나도 더 이상 마시기 싫어졌어. ← 시도하기 ②
他走了一个月了, 可是还没有消息。 그가 간 지 한 달이 되었는데도 아직 소식이 없어.
← 시도하기 ③
八点的火车, 现在去来不及了。 여덟시 기차는, 지금 가면 못 타요.
我有女朋友了。 전 여자 친구가 생겼어요.
我没有钱了。 전 돈이 없어요.
时间不早了, 我们该走了。 시간이 꽤 되었네요, 저희들은 가야겠어요.
你怎么了? 너 왜 그래?
我看了一个小时书了。 나는 책을 한 시간째 보고 있다.

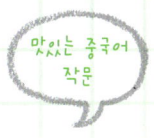

2. 임박태의 기본형은 '要…了'입니다. 시간이 좀 더 임박한 경우, '快(要)…了'와 '就(要)…了' 형식을 쓸 수 있습니다.

   我要走了，咱们改天再聊吧。　　제가 가야 하거든요, 우리 다음에 다시 이야기해요.
   春节快到了，我想回家过年。　　설이 곧 돌아와서, 저는 집으로 설을 쇠러 가려고 해요.

3. 문장에 시간사가 동반될 경우, '就(要)…了' 형식을 씁니다.

   一会儿火车就要开了，快上车吧。　　잠시 후면 기차가 출발해, 얼른 차에 타.
   我们下星期就要考试了。　　우린 다음 주에 바로 시험이야.

4. 임박태의 부정형은 '还没…呢'입니다.

   他还没毕业呢。　　그는 아직 졸업을 하지 않았어요.
   学校还没放假呢。　　학교는 아직 방학을 하지 않았어요.

5. '将要…了' 형식은 주로 문어체에 씁니다.

   樱花将要盛开了。　　벚꽃이 곧 만개할 것이다.

3. 검토하기   아~ 이게 이거였구나~!

① 가을이 되어, 나뭇잎이 다 노랗게 물들었다.

⇨ 秋天了，树叶都黄了。
   명사+了: 상황의 변화

   응용표현 겨울冬天이 왔어! 우리 눈사람雪人 만들 수 있겠다.

   ⇨ _____

② 그 사람이 지금은 엔지니어가 되었다.

⇨ 他现在是工程师了。
   是+了: ~가 되었다

   응용표현 미안, 난 이미 예전의 내가 아니라고. (不是…了)

   ⇨ _____

③ 난 전에는 차 마시는 게 싫었는데, 지금은 차 마시는 게 좋아졌어.

⇨ 我以前不喜欢喝茶，现在喜欢喝茶了。
   동사+了: ~하게 되었다

   응용표현 네가 말한 뜻을 내가 다 이해하게 됐어.

   ⇨ _____

④ 나에게 돈이 많이 생기면, 내가 너한테 차 한 대 사줄게.

⇨ 等我有钱了，我要给你买一辆汽车。
   有+了: ~가 생기다

   응용표현 듣자 하니听说 밍밍이한테 여자 친구가 생겼대.

   ⇨ _____

⑤ 네가 안 가면, 나도 안 가고 싶은데.

⇒ 你不去，我也不想去了。
　　　　　　　　~지 않게 되었다

응용표현 제가 지금 아직 일이 남아서, 술 마시러 못 가겠어요.

　⇒ _____

⑥ 스승의 날이 다가오는데, 선생님께 무슨 선물을 하지?

⇒ 教师节快到了，给老师送什么礼物好呢？
　　　　　　곧 다가온다

응용표현 건국기념일+―이 곧 다가오는데, 자네 회사는 휴가를 며칠 주나?

　⇒ _____

⑦ 오후에 내 친구가 온대, 나 집에서 그 애 기다려야 해.

⇒ 下午我朋友要来了，我得在家等她。
　　　　　　　~하려고 하다

응용표현 좀 봐, 눈이 오려고 해!

　⇒ _____

⑧ 다음 달에 그 사람들 결혼해, 정말 축하할 일이지!

⇒ 下个月他们就要结婚了！恭喜他们！
　　　　　　곧 ~하려 하다

응용표현 7월이면 우린 졸업이에요.

　⇒ _____

4. 교정 연습 〔앗 나의 실수~〕

1 春天了，天气暖和呢。 →
2 我不想吃的，你们吃吧。 →
3 要雨下了，你带着伞出去吧。 →
4 明天我快要回国了。 →

5. 활용하기 〔나의 작문 실력 뽐내기〕

다음 단어로 멋진 문장을 만들어볼까요?

1 现在　了　总经理　是　他
→ _____

2 去　来不及　七点　现在　的　飞机　了
→ _____

3 该　快　了　我　十二点　了　走
→ _____

여러분의 작문 실력을 보여주세요~

4 일 년 동안 집에 못没 돌아갔더니, 지금은 집 생각想家이 좀 나네요.
→ _____

5 전 배가 불러서饱, 더 이상 못 먹겠어요.
→ _____

6 곧 네 생일生日이잖아, 어떤 선물 받고 싶니?
→ _____

7 너희들은 얘기해聊, 난 일이 있어서 먼저先 갈게.
→ _____

도전! 나만의 심플 다이어리

와! 첫눈이다!
첫눈 오는 날 특별히 만날 사람은 없지만,
그래도 첫눈은 늘 사람을 설레게 하지.
내년 첫눈 오는 날엔, 내 옆에 누군가 있으면 좋겠어.
하느님, 저도 이제 사랑할 나이가 되었다고요~
저에게도 백마 탄 왕자님을 소개해주세요, 아니면 흑마 탄 왕자님도 괜찮아요.
그것도 아니면, 얼룩말 탄 왕자님이라도 좋아요!

다음 단어들을 이용하여 일기를 써보세요!
첫눈 오는 날 初雪那天 chūxuě nàtiān |
설레다 让人心跳加快 ràng rén xīn tiào jiākuài |
백마 탄 왕자님 白马王子 báimǎ wángzǐ |
소개하다 介绍 jièshào | 흑마 黑马 hēimǎ |
얼룩말 斑马 bānmǎ

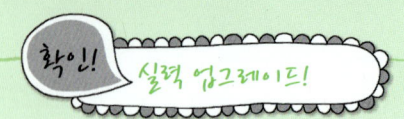

哇！下初雪了！

我也没有和任何人约好在下初雪

虽然 전환관계 접속사 호응에 맞도록 虽然을 써준다. 뒷절의 但과 호응한다.

那天见面，但初雪还可以让人心跳跳。

加快

希望明年下初雪的时候，会有人

跟我一起。

陪着我 누군가가 나와 같이 '있어 주는' 것이므로 陪着를 쓴다. 有人跟我一起 뒤에는 보통 구체적인 동작이 동반된다.

上帝啊，我也到了该恋爱的年龄

了~

请给我介绍一位白马王子吧，不

然黑马王子也可以，再不然，斑马王

子也行啊！

4과 순서를 잘 지켜야 하는 연동문

'나 백화점으로 옷 사러 갈 거야'라는 문장을 보면, '가다'와 '사다' 두 개의 동사가 등장하지요. 이렇게 한 문장 안에 두 개 이상의 동사가 등장하는 문장을 '연동문(连动句)'이라고 합니다. 동사가 여러 개 이어 등장한다는 뜻인데요, 알고 보면 일상생활을 묘사할 때 정말 많이 쓰입니다. 중국 친구들은 연동문을 쓸 때 꼭 동작의 순서에 따라 설명한답니다. '我去(가다)百货商店买(사다)衣服。'처럼 말입니다.

1. 시도하기   몸풀기 작문 연습! 시~작!

① 저는 친구를 만나러 가요.

① 만나다 见 jiàn

② 나는 중국에 태극권을 배우러 왔어요.

② 태극권 太极拳 tàijíquán

③ 지금 그는 중국어로 이야기를 나눌 정도가 되었다.

③ ~하게 되다 可以 kěyǐ
   ~를 이용하여 用 yòng
   이야기를 나누다
   聊天 liáo tiān

④ 내 남동생은 옷을 입고 나갔어요.

④ 입다 穿 chuān
   나가다 出去 chūqu

⑤ 나 너한테 할 말이 있어.

⑤ 말 话 huà
   ~에게, ~한테 跟 gēn
   말하다 说 shuō

⑥ 우리는 중국 식당에 가서 요리 세 가지를 먹었다.

⑥ 식당 餐厅 cāntīng
   요리 菜 cài

2. 발견하기 *중국어 어법의 세계로~!*

1 연동문 맛보기

한 문장 안에 동사가 두 개 이상 출현하는 문형을 연동문이라 합니다. 제1동사가 제2동사의 방식이나 수단, 원인이 되는 경우가 많습니다. 그렇기 때문에 중국어의 연동문은 동사의 순서를 바꾸면 뜻이 바뀐다는 점을 꼭 기억하세요.

기본형식
我 去 看。   나는 보러 갑니다.
주어 + 제1동사 + 제2동사

확장형식
我 去 北京 看 朋友。   나는 베이징으로 친구를 보러 갑니다.
주어 + 제1동사 + 제1목적어 + 제2동사 + 제2목적어

2 연동문 관련 주의사항

1. 제2동사가 제1동사의 목적이 됩니다.

　我去见朋友。　　　　　　저는 친구를 만나러 가요.
　我来中国学习太极拳。　　나는 중국에 태극권을 배우러 왔어요.

2. 제1동사가 제2동사의 방식이나 수단이 됩니다.

　现在他可以用汉语聊天了。　　지금 그는 중국어로 이야기를 나눌 정도가 되었다.
　　　　　　　　　　　　　　　　　　　　　　　　　　← 시도하기 ❸
　我们坐飞机去欧洲。　　우리는 비행기를 타고 유럽에 갑니다.

3. 두 동작이 바로 이어서 일어나는 경우를 나타냅니다.

　我弟弟穿上衣服出去了。　　내 남동생은 옷을 입고 나갔어요. ← 시도하기 ❹
　你给他打电话叫他过来。　　너 그 애한테 전화해서 오라고 해.
　我们去中国餐厅吃三个菜。　우리는 중국 식당에 가서 요리 세 가지를 먹었다.
　　　　　　　　　　　　　　　　　　　　　　　　　　← 시도하기 ❺

4. 제2동사가 제1동사의 결과를 나타냅니다.

　　他听到这个消息高兴得哭了。　　그는 이번 소식을 듣고 너무 기뻐서 울었다.

5. 제2동사는 제1동사의 목적을 나타내고, 제1동사의 목적어가 제2동사의 동작의 대상이 되는 연동문도 있습니다.

　　我想买衣服穿。　　나 옷 좀 사 입으려고.
　　我自己做饭吃。　　제가 밥 해 먹어요.

6. 부사어는 보통 제1동사 앞에 위치합니다.

　　你快去找他回来。　　너 빨리 가서 걔 찾아와.
　　我们也骑自行车去。　　우리도 자전거 타고 가요.

7. 연동문의 부정형은 제1동사 앞에 '不, 没有'를 써줍니다.

　　他们不去看电影了。　　그들은 영화 보러 가지 않을 거야.
　　我没有去吃饭。　　전 밥 먹으러 가지 않았어요.

8. 有와 没(有)가 연동문에 쓰이기도 합니다.

　　我有话想跟你说。　　나 너한테 할 말이 있어. ← 시도하기 ⑤
　　我有衣服穿。　　난 입을 옷이 있어요.
　　他没有时间去旅游。　　그 사람은 여행 갈 시간이 없어요.
　　家里没什么菜可吃。　　집에 먹을 만한 게 없어요.

3. 검토하기 아~ 이게 이거였구나~!

① 나 술 마시러 가.

⇨ 我去喝酒。
　　수단 목적

응용표현 우리는 밥 먹으러吃 간다去.

⇨ _____

② 시간 나면, 우리 집에 놀러 와요.

⇨ 有时间，来我家玩儿吧。
　　　　　　　　목적

응용표현 나 공항으로 손님 마중接 가去.

⇨ _____

③ 그는 잠깐 앉아 있다 바로 갔어요.

⇨ 他坐了一会儿就走了。
　　연속 동작

응용표현 어제 나는 물건을 다 사고买 집으로 돌아갔어回家.

⇨ _____

④ 너희들 무슨 차 타고 식물원에 갈 거야?

⇨ 你们坐什么车去植物园？
　　수단, 방식

응용표현 너 매일 누워서躺 책 보면看, 눈에 안 좋아.

⇨ _____

⑤ 그는 아들의 편지를 보고 감격해서 울었다.

⇨ 他看了儿子的信激动得哭了。
　　　원인　　　　　　　결과

> 응용표현 내가 오늘 밖에 나갔다가出门 100위엔을 주웠어요捡.

⇨ _____

⑥ 우리 집에 먹을 거 없는데.

⇨ 我家没有东西可以吃。
　　没有가 제1동사로 쓰이는 연동문

> 응용표현 나 너하고 할说 말이话 없어没(有).

⇨ _____

⑦ 너 가서 걔 좀 오라고 해.

⇨ 你去叫他过来吧。
　　연동문이면서 겸어문

> 응용표현 너 가서 언니한테 밥 먹으러吃饭 오라고来 해叫.

⇨ _____

⑧ 이번 주에 나는 할 일이 많이 있다.

⇨ 这个星期我有很多事要做。
　　　　　　　有를 쓰는 연동문

> 응용표현 제가 선생님께 가르침을 청하고请教 싶은 문제가 있습니다有.

⇨ _____

4. 교정 연습 앗! 나의 실수~

1. 他坐自行车去上班。 → _____
2. 他去过欧洲旅行。 → _____
3. 你去商店一点儿买吃的，好不好？ → _____
4. 最近我没有穿衣服，我得去买衣服。 → _____

5. 활용하기 나의 작문 실력 뽐내기

다음 단어로 멋진 문장을 만들어볼까요?

1. 小金   去   客人   送   机场   了
   → _____

2. 我   去   研究生   准备   读   美国
   → _____

3. 没有   我   穿   最近   衣服
   → _____

여러분의 작문 실력을 보여주세요~

4. 그 친구 병원으로 진찰 받으러 看病 갔었나요?
   → _____

5. 김 군 小金한테 전화해서 오지 말라고 해요.
   → _____

6. 네 피부皮肤 참 좋다, 너 평소平时에 무엇으로 세수하니洗脸?
   → _____

7. 나 너하고 상의하고商量 싶은 문제가 있는데.
   → _____

환절기라서 입을 만한 옷이 별로 없어.
더구나 요즘엔 아침저녁으로 일교차가 심해서,
도무지 뭘 입어야 할지 모르겠어.
그래서 주말엔 친구랑 쇼핑을 가기로 했단다.
예쁘고 따뜻한 옷을 사야겠어.

확인! 실력 업그레이드!

换季了，没有穿衣服了。
→ 衣服可穿了　没有를 쓰는 연동문의 기본 어순 '没有+목적어+동사'에 맞게 쓴다.

并且，最近早晚温差很大，真不知穿什么。
→ 该穿什么好　'어떤 동작을 해야 할지 모르겠다'이므로 '该+동사+什么+好' 형식이 알맞다.

所以，这个周末我打算跟朋友一起去逛街。

我要买点儿又好看又暖和的衣服。
→ 些　부정양사 点儿은 주로 '양적인 것'을 표현한다. 셀 수 있는 것에는 些를 쓰는 것이 좋다.

5과 너 지금 뭐 하니?
진행문

"아버지는 독서 중, 어머니는 요리 중, 나는 밀린 숙제 중! 밖에는 비가 오고 있네요."
어떤 일이 진행되고 있음을 표현할 때, 진행부사 '正, 在, 正在'와 어기조사 呢를 이용해서 표현할 수 있습니다. 어기조사 呢만으로도 진행형 문장을 만들 수 있습니다. 진행형 문장을 부정할 때는 부정부사 没(有)를 씁니다.

1. 시도하기 몸풀기 작문 연습! 시~작!

① 밖에 마침 비가 오고 있어요.

② 내 남동생은 한창 친구에게 편지를 쓰는 중이에요.

③ 나는 책을 보고 있어.

④ 너 뭐 하고 있니?

⑤ 어제 내가 걔네 집에 갔을 때, 걘 밥을 먹고 있더라.

⑥ 우리는 수업하고 있지 않아요, 우리는 쉬는 중이에요.

---

① 밖 外边 wàibian
　마침 ~하고 있다
　正…呢 zhèng…ne

② 한창 ~하고 있다
　正在 zhèngzài
　~에게 给 gěi
　편지를 쓰다 写信 xiě xìn

③ ~하고 있다
　在…(呢) zài…(ne)

④ ~하는 중이다 呢 ne

⑤ 한창 ~하고 있다
　正在…呢 zhèngzài…ne
　밥을 먹다 吃饭 chī fàn

⑥ ~하고 있지 않다
　没(有)在 méi(yǒu) zài

2. 발견하기 중국어 어법의 세계로~!

1 진행문 맛보기

어떤 동작이 진행되고 있는 상태를 표현할 때는 진행부사 '正, 正在, 在'와 어기조사 呢를 써서 진행형 문장을 만듭니다. 진행부사 '正, 正在, 在'는 각각 다른 성질을 가지고 있습니다. 正은 어떤 동작이 진행되고 있는 '시점'에 중점을 두고, 在는 동작이 진행되고 있는 '상태'를 강조하고, 正在는 正과 在의 특성을 합쳐 '시간+상태'를 강조합니다. 또한 어기조사 呢만으로 진행형을 표현하기도 합니다.

기본
형식

他正看电视呢。 그 친구 지금 TV를 보고 있는 중이야.
　↖ 正+동사+(呢)

我们在跳舞。 우리는 춤을 추고 있어요.
　↖ 在+동사+(呢)

我弟弟正在准备考试。 내 남동생은 한창 시험 준비를 하고 있어요.
　↖ 正在+동사+(呢)

他泡茶呢。 그 사람 차를 우리고 있어.
　↖ 동사+呢

2 진행문 주의사항

1. '正…呢' 형식은 동작이 진행되는 시점을 강조하고, '在…呢' 형식은 동작이 진행되고 있는 상태를 강조합니다.

   外边正下雨呢。 밖에 마침 비가 오고 있어요. ← 시도하기 ①
   我在看书呢。 나는 책을 보고 있어. ← 시도하기 ③
   他在睡觉呢。 그 애 자고 있어.

2. 正在를 사용하여 시간과 상태 모두를 강조할 수 있으며, '한창 ~하고 있다'라는 의미를 표현합니다. 또 어기조사 呢만으로도 진행형을 만들 수 있습니다.

   我弟弟正在给朋友写信。 내 남동생은 한창 친구에게 편지를 쓰는 중이에요.
   　　　　　　　　　　　← 시도하기 ②

| 我画画呢。 | 난 그림 그리고 있어. |
| 你做什么呢? | 너 뭐 하고 있니? ← 시도하기 ④ |

3. 진행형 문장에 동태조사 着를 써서 동작이 지속되고 있음을 표현하기도 합니다.

| 大家都忙着呢。 | 다들 바쁘게 움직이고 있어요. |
| 他正打着电话呢。 | 그 사람 마침 통화중이군요. |

4. 진행형 문장은 과거, 현재, 미래에 다 쓸 수 있습니다.

昨天我去他家的时候，他正在吃饭呢。	어제 내가 걔네 집에 갔을 때, 걘 밥을 먹고 있더라. ← 시도하기 ⑤
现在他在吃饭呢。	지금 그 애는 밥을 먹고 있어.
明天我去他家的时候，可能他在吃饭。	내일 내가 걔네 집에 가면, 아마도 걔는 밥을 먹고 있을 거야.

5. '正, 正在'를 쓰는 진행형 문장을 부정할 때는 '正, 正在'를 생략하고 '没(有)+동사'로 쓰고, 在를 쓰는 진행문을 부정할 때는 '没(有)在+동사'로 씁니다.

| 我们没在上课，我们在休息。 | 우리는 수업하고 있지 않아요, 우리는 쉬는 중이에요. ← 시도하기 ⑥ |
| 他们没吃饭，他们在喝茶。 | 그들은 밥을 먹고 있는 게 아니라, 차를 마시고 있답니다. |

6. 진행형 문장에 '전치사+在+장소' 구조가 동반될 때는 진행부사 正을 써서 표현합니다. 진행형 문장에서 在 앞에 '常常, 经常, 时常, 一直'와 같은 부사가 동반되기도 합니다.

| 他们正在运动场打篮球呢。 | 그 애들은 마침 운동장에서 농구를 하고 있는 중이에요. |
| 我们一直在等你呢。 | 우리는 계속 너를 기다리고 있어. |

3. 검토하기 아~ 이게 이거였구나~!

① 내가 마침 널 기다리고 있었어.

⇒ **我正等你呢。**
　　마침 ~하고 있다

　　응용표현 밖에 마침 바람이 불고 있어.

　　⇒ _____

② 난 책을 보는 게 아니라, 복습을 하는 중이에요.

⇒ **我没看书，我在复习功课。**
　　~하는 게 아니라, ~하는 중이다

　　응용표현 그는 음악을 듣고 있는 게 아니라, 영화를 보고 있어요.

　　⇒ _____

③ 밍밍아, 뭐하고 있니?

⇒ **明明，你在干什么呢？**
　　　　　진행형 의문문

　　응용표현 너 인터넷 게임하고 있지? (在…吧)

　　⇒ _____

④ 그들은 한창 토론하고 있다.

⇒ **他们正在讨论。**
　　한창 ~하는 중이다

　　응용표현 밍밍이는 한창 운동하고 있어요.

　　⇒ _____

⑤ 오늘 오전에 내가 그녀를 찾아갔을 때, 그녀는 한창 그림을 그리고 있었다.

⇨ **今天上午我去找她的时候，她正在画画。**
　　　　　　　　　　　　　　　　과거 시점 진행형

응용표현 어제 내가 걔네 집에 갔을 때, 그 앤 저녁을 먹고 있었어.

⇨ _____

⑥ 내년 이맘때, 아마도 나는 여행을 하고 있을 것이다.

⇨ **明年这个时候，可能我正在旅行。**
　　　　　　　　　　　　미래 시점 진행형

응용표현 내일 네가 그들을 찾아갔을 找 때, 아마도 그들은 실험을 하는 做实验 중일 거야.

⇨ _____

⑦ 그 사람 쉬는 게 아니라, 일하고 있는 거예요.

⇨ **他没在休息，他干活呢。**
　　　진행형 부정　　　　呢만으로 진행형 표현 가능

응용표현 그녀는 잠자는 게 아니라, 뜨개질하고 织毛衣 있어.

⇨ _____

⑧ 아빠는 거실에서 신문을 보고 계세요.

⇨ **爸爸正在客厅里看报纸。**
　　正在+장소+동작 : ~에서 어떤 동작을 하고 있다

응용표현 그들은 공원에서 公园里 태극권을 하고 있는 중이에요.

⇨ _____

4. 교정 연습 앗! 나의 실수~

1 请稍等，他们正开会了。 →
2 他正在在书店里看书呢。 →
3 我弟弟不在唱歌，他在学习。 →
4 她们跳呢舞。 →

5. 활용하기 나의 작문 실력 뽐내기

다음 단어로 멋진 문장을 만들어볼까요?

1 在　睡觉　孩子　你　别　吵醒　把　了　他

→ _____

2 他　正　看　在　电视　客厅　里　呢

→ _____

3 准备　我们　考试　正在

→ _____

여러분의 작문 실력을 보여주세요~

4 사장님께서 계속 一直 기다리고 계세요, 어서 들어가 进去 보시죠.

→ _____

5 나 잠 안 자, 인터넷 하고 있어.

→ _____

6 10년 후 오늘에도, 난 여전히 还 너를 기다리고 等 있을 거야.

→ _____

7 엄마는 주방 厨房 에서 요리하고 계세요.

→ _____

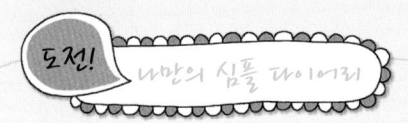

오늘은 비요일. 여긴 요 며칠 계속 비가 오단다.
지금도 밖에는 비가 오고 있어.
넌 지금 뭘 하고 있을까?
내 생각하고 있니? 아니면 꿈속에서 나를 만나고 있니?
친구야, 많이 보고 싶어~
비록 떨어져 있지만, 마음만은 항상 널 향해 있단다.
친구야, 잘 지내렴!

다음 단어들을 이용하여 일기를 써보세요!

비요일 雨天 yǔtiān | 요 며칠 这两天 zhè liǎng tiān |
그리워하다, 보고 싶어하다 想 xiǎng |
~로 향해 있다 向着 xiàngzhe

今天雨天。我这儿这两天一直在下雨。

现在在外边还在下雨呢。

방위사가 주어로 쓰일 때 전치사 在를 쓰지 않아도 된다.

你在干什么呢?

干 대신 做를 쓸 수도 있다.

你在想我? 否则正在梦见我?

要不就是

여기서 就是는 '不是A, 就是B' 형식의 뜻으로 쓰였다. 不是가 직접 등장하지는 않지만, 不是在想我로 보면 된다.

朋友, 我好想你哦~

我们虽然不在一起, 可我的心却永远向着你。

朋友, 多保重!

6과 귀차니스트에게 유용한 겸어문

"오늘은 일요일, 창밖에는 빗소리가 후두둑~ 약속은 있는데, 나가긴 귀찮고. 친구한테 먹을 것 좀 사서 집으로 오라고 해야겠어요."

이렇게 누구에게 무엇을 시킬 때, 어떤 일로 인해 변화가 일어났다는 것을 설명하고 싶을 때 쓰는 문장 형식이 바로 '겸어문(兼语句)'입니다. 겸어문에는 주어가 둘, 동사가 둘 등장해요.

1. 시도하기 몸풀기 작문 연습! 시~작!

① 너 어서 가서 너희 언니 좀 오라고 하렴.

② 내가 너한테 영화 보여주고 싶은데.

③ 밍밍이가 너한테 이 일을 말해주라더라.

④ 그 애가 한 말은 나를 깜짝 놀라게 했다.

⑤ 밖에서 누가 널 기다려.

⑥ 솔직히 얘기해서, 나를 좋아하는 사람은 없어요.

① ~를 불러 ~하게 하다
叫 jiào

② ~를 초대해서 ~하게 하다
请 qǐng

③ ~로 하여금 ~하게 하다
让 ràng
알려주다 告诉 gàosu

④ ~로 하여금 ~하게 하다
使 shǐ
깜짝 놀라다
大吃一惊 dà chī yì jīng

⑤ 기다리다 等 děng

⑥ 솔직히 말하다
说实话 shuō shíhuà

2. 발견하기 중국어 어법의 세계로~!

1 겸어문 맛보기

겸어문(兼语句)의 가장 큰 특징은 한 문장 안에 동작을 시키는 '주체'와 다른 사람이 시킨 동작을 하는 '동작자'가 동시에 출현한다는 것이지요. 또 동사도 두 개 등장하는데, 첫 번째 동사로는 사역동사가 쓰여요. 겸어문에 가장 많이 쓰이는 사역동사로는 '请(초대하다), 叫(누군가를 불러서 어떤 동작을 시키다), 让(시키다, 허락하다), 使(시키다)'가 있어요. 이 밖에 많이 쓰이는 사역동사에는 '派(~파견하다), 令(~하게 하다), 劝(권유하다), 要(~하게 하다), 要求(요구하다), 约(약속하다), 托(부탁하다), 命令(명령하다), 嘱咐(당부하다)' 등이 있습니다.

기본 형식   주어 + 동사 + 겸어(목적어/주어) + 겸어의 서술어

| 我 | 请 | 你 | 吃饭。 | 내가 너한테 밥 살게. |
↖ 초대하다

| 妈妈 | 叫 | 你 | 过来。 | 엄마가 너더러 오라시는데. |
↖ 불러서 ~하라고 시키다

| 老总 | 让 | 我 | 去出差。 | 사장님이 나한테 출장 가라고 하셨어요. |
↖ ~하라고 시키다

2 겸어문 주의사항

1. 겸어문에 가장 많이 쓰이는 사역동사로는 '请, 叫, 让, 使'가 있습니다. 사역동사는 겸어문 안에서 첫 번째 동사로 쓰입니다.

   你快去叫你姐姐来。　　너 어서 가서 너희 언니 좀 오라고 하렴. ←〔시도하기 ❶〕
   我想请你看电影。　　　내가 너한테 영화 보여주고 싶은데. ←〔시도하기 ❷〕
   明明让我告诉你这件事。밍밍이가 너한테 이 일을 말해주라더라. ←〔시도하기 ❸〕
   他的话使我大吃一惊。　그 애가 한 말은 나를 깜짝 놀라게 했다. ←〔시도하기 ❹〕

2. 동태조사 '了, 着, 过'는 보통 두 번째 동사 뒤에 위치합니다. 때로는 첫 번째 동사 뒤에 위치할 때도 있습니다.

   他请我吃过饭。 그는 나한테 밥을 산 적이 있어.

   他约了几个同学一起去黄山。 그는 친구들과 같이 황산에 가기로 약속했어.

3. 부사어는 첫 번째, 두 번째 동사 앞에 위치할 수 있습니다.

   这个消息会让他感到非常高兴。 이 소식은 그 사람을 아주 기쁘게 만들 거야.

   怎样才能让你满意呢? 어떻게 해야지 네가 만족할까?

4. 겸어문의 부정문은 사역동사 앞에 不나 没(有)를 쓰면 됩니다.

   我爸爸不让我参加足球比赛。 우리 아빠는 내가 축구시합에 나가지 못하게 하셔.

   我没叫他过来呢。 내가 그 사람 불러온 거 아니에요.

   不是我去过英国。 내가 영국에 갔던 게 아니에요

5. 是나 要도 겸어문에 쓰입니다. 是가 들어가는 겸어문에는 주어가 없습니다.

   是他救了我的命。 그 사람이 내 목숨을 구해줬어요.

   你到底要我怎么办? 너 도대체 나한테 어쩌라고?

6. '有, 没有'를 써서 연동문이자 겸어문을 만들기도 합니다.

   外边有人等你。 밖에서 누가 널 기다려. ← 시도하기 ⑤

   说实话, 没有人喜欢我。 솔직히 얘기해서, 나를 좋아하는 사람이 없어요
   ← 시도하기 ⑥

3. 검토하기 아~ 이게 이거였구나~!

① 제가 차 한 잔 대접하고 싶은데요.

⇨ **我想请你喝杯茶。**
  초청해서 ~하게 하다

  응용표현 어제 사장님께서 우리한테 술 사셨어. (请, 喝酒)

  ⇨ _____

② 선생님이 너 오라고 하시는데.

⇨ **老师叫你过来一趟呢。**
  ~하라고 시키다

  응용표현 엄마가 너 빨리 자래.

  ⇨ _____

③ 제가 한번 해보도록 해주시겠어요?

⇨ **你让我去试试好吗?**
  ~하라고 시키다(허락의 뜻 포함)

  응용표현 어떻게 해야怎样 비로소 고객顾客을 만족시킬满意 수 있을까요?

  ⇨ _____

④ 이 일은 우리를 크게 놀라게 했다.

⇨ **这件事使我们大吃一惊。**
  ~하라고 시키다(주로 문어체에 씀)

  응용표현 난 너를 실망시키지 않을 거야. (不会…的, 使)

  ⇨ _____

⑤ 나는 중국인 친구가 있다.

⇨ **我有个朋友是中国人。**
　　有 겸어문 : ~하는 ~가 있다

　　응용표현 밖에서 누가 너 불러叫.

　　⇨ _____

⑥ 이곳을 싫어하는 사람은 아무도 없다.

⇨ **没有一个人不喜欢这儿。**
　　没有 겸어문 : ~하는 ~가 없다

　　응용표현 마치好像 《비밀의 화원神秘花园》을 아는 사람이 없는 것 같아.

　　⇨ _____

⑦ 우리 아빠는 내가 해외로 유학 가는 걸 말리셔.

⇨ **我爸爸不让我出国留学。**
　　~하는 것을 허락하지 않다

　　응용표현 엄마는 내가 돈을 함부로 쓰지花钱 못하게 하신다.

　　⇨ _____

⑧ 내가 그 사람한테 오라고 하지 않았는데, 그 사람이 감히 오겠어?

⇨ **我没叫他来，他敢来吗？**
　　겸어문 부정

　　응용표현 그 사람 우리한테 영화 안 보여줬어요.

　　⇨ _____

4. 교정 연습 앗! 나의 실수~

1. 谁来他请这儿的? →
2. 你快叫去你姐姐来这儿。 →
3. 爸爸让我不出去玩儿。 →
4. 我没有在海关工作朋友。 →

5. 활용하기 나의 작문 실력 뽐내기

다음 단어로 멋진 문장을 만들어볼까요?

1. 公司　去　我　新加坡　派　出差
   → _____

2. 没有　汉语　人　懂　这儿
   → _____

3. 我　不　让　你　的　失望　会
   → _____

여러분의 작문 실력을 보여주세요~

4. 나는 저우이이周──라고 불리는叫 중국 친구가 있어.
   → _____

5. 선생님이 너한테 숙제 제출하라고交 하셨어.
   → _____

6. 오늘 저녁때 누가 우리를 식사 초대하죠请?
   → _____

7. 엄마는 나 혼자 여행을 가지 못하게不让 하신다.
   → _____

도전! 나만의 심플 다이어리

너희들 내가 복권에 당첨된 것 어떻게 알았니?

참 재주도 좋단 말야~

뭐라고? 한턱내라고?

하하하, 세금 떼고 나니까 4만원 남더라.

벌써 다 썼지, 그게 남아 있겠니?

그래도 한턱내야 한다고?

좋아, 햄버거는 쏠 수 있겠네, 가자!

다음 단어들을 이용하여 일기를 써보세요!

복권에 당첨되다 中奖 zhòng jiǎng | 한턱내다 请客 qǐng kè | 세금을 떼다 扣税 kòu shuì | 다 쓰다 花光 huāguāng | 햄버거 汉堡包 hànbǎobāo

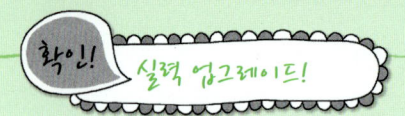

你们怎么知道我中奖了？

你们真灵啊~
→ 厉害 상대의 행동이 '대단하다'는 뜻을 나타내므로 厉害를 쓴다.

什么？叫我请客呀？

哈哈哈，扣税后只剩下四万韩币呢。

这么点儿钱早就花光了，不会剩在现在吧？
→ 到 '어떤 시점까지'를 설명하므로 결과보어 到를 쓴다.

那也得要我请客呀？

行啊，我可以请你们吃汉堡包呢，走吧！

7과 동작의 지속과 유지
동태조사 着·过

동작이 어떤 상태에 있는지를 표현해주는 조사를 '동태조사(动态助词)'라고 합니다. 동작의 완성을 표현하는 了는 앞에서 이미 살펴봤지요. 이제 어떤 동작이 오래 지속되고 있거나 어떤 상태를 계속 유지하고 있을 때 쓰는 着와 경험을 나타내는 过에 대해 알아보겠습니다.

1. 시도하기 몸풀기 작문 연습! 시~작!

① 문이 다 열려 있네, 안에 틀림없이 사람이 있겠지?

② 밖에 비가 내리고 있어서, 난 나가기가 귀찮아.

③ 저 사람들은 앉아서 TV를 봐요.

④ 난 캐나다에 가본 적이 있어.

⑤ 이 영화를 나는 몇 번 봤어.

⑥ 그는 내가 만든 음식을 먹어본 적 없어요.

---

① 문 门 mén 열다 开 kāi
   안 里面 lǐmian
   틀림없이, 분명히
   肯定 kěnding

② ~하고 있다 着 zhe
   ~하기 귀찮다 懒得 lǎnde

③ ~하면서 着 zhe

④ 캐나다 加拿大 Jiānádà
   ~한 적이 있다 过 guo

⑤ ~한 적이 있다 过 guo
   ~번(횟수) 遍 biàn

⑥ 만들다 做 zuò

2. 발견하기 중국어 어법의 세계로~!

1 동태조사 着, 过 맛보기

동작이 완성되어 그 상태를 유지하거나 지속되고 있을 때, 동작이 수행되는 방식을 나타낼 때, 서술어 뒤에 着를 씁니다. 과거에 어떤 경험을 한 적이 있다는 것을 나타낼 때는 서술어 뒤에 过를 씁니다.

기본형식

他的电脑一直开着。   그의 컴퓨터가 계속 켜져 있다.
↖ 상태의 지속

他们俩愉快地笑着。   그 둘은 유쾌하게 웃고 있다.
↖ 동작의 지속

她总是低着头走路。   그녀는 늘 고개를 숙이고 걷는다.
↖ 동작의 방식

我曾经见过总统。   난 전에 대통령을 만난 적이 있어요.
↖ 동작의 경험

2 동태조사 着, 过 주의사항

1. 동사 뒤에 着를 써서 상태의 지속을 나타낼 때는 동작이 완전히 정지해 있는 상태를 표현합니다.

门都开着，里面肯定有人吧?   문이 다 열려 있네, 안에 틀림없이 사람이 있겠지? ←시도하기 ❶

外边下着雨，我懒得出去。   밖에 비가 내리고 있어서 난 나가기가 귀찮아. ←시도하기 ❷

2. 동사 뒤에 着를 써서 동작의 방식을 나타내는 경우도 있습니다.

他们坐着看电视。   저 사람들은 앉아서 TV를 봐요. ←시도하기 ❸

他喜欢吃着爆米花看电影。   그는 팝콘을 먹으면서 영화 보기를 좋아해요.

3. 동태조사 着를 부정할 때는 没(有)를 씁니다.

   墙上没挂着画。　　　　　　벽에 그림이 걸려 있지 않네요.
   他们没站着，他们坐着。　　그들은 서 있지 않고, 앉아 있어요.

4. 과거의 경험을 말할 때 동사 뒤에 过를 써줍니다. 过가 들어가는 문장에는 부사 曾经이 자주 동반됩니다.

   我去过加拿大。　　　　　　난 캐나다에 가본 적이 있어요. ← 시도하기 ④
   我们曾经好过。　　　　　　우리는 전에 사이가 좋았더랬지.

5. 동태조사 过를 쓰는 문장에는 동량보어(동작의 횟수를 설명)를 함께 쓰는 경우가 많습니다.

   这部电影我看过几遍。　　　　이 영화를 나는 몇 번 봤어. ← 시도하기 ⑤
   昨天下过一场雪，天格外地冷。　어제 눈이 한차례 내리더니, 날씨가 아주 춥다.

6. 过가 들어가는 문장을 부정할 때는 서술어 앞에 没(有)를 써줍니다.

   他没吃过我做的菜。　　　　그는 내가 만든 음식을 먹어본 적 없어요. ← 시도하기 ⑥
   我从来没学过汉语。　　　　난 한 번도 중국어를 배운 적이 없어요.

3. 검토하기 아~ 이게 이거였구나~!

① 식탁 위에 많은 과자와 각종 음료수가 놓여 있다.

⇨ **饭桌上放着很多饼干和各种饮料。**
　　　동작의 상태

> **응용표현** 밍밍이는 모자를 쓰고 있다戴.
>
> ⇨ _____

② 방 안 창문은 열려 있지 않아.

⇨ **屋子里的窗户没开着。**
　　　　동작 상태의 부정

> **응용표현** 벽에 그림이 걸려 있지挂着 않다.
>
> ⇨ _____

③ 그는 음악을 들으며 잠을 자고 있다.

⇨ **他听着音乐睡觉。**
　　　동작의 방식

> **응용표현** 왕 선생님은 서서站着 강의하는 걸 좋아하신다.
>
> ⇨ _____

④ 그는 멍하니 나를 바라보며, 아무 말도 하지 않았다.

⇨ **他呆呆地望着我，什么也不说。**
　　　　　동작의 지속

> **응용표현** 아이들이 쉬지 않고 노래를 부르고 있다.
>
> ⇨ _____

⑤ 나는 중국 유행가를 들어본 적이 있다.

➡ **我听过中国流行歌曲。**
  동작의 경험

  응용표현 나는 그에게 전화한 적이 있다.

  ➡ _____

⑥ 자네 저 사람과 같이 일해본 적 있나, 없나?

➡ **你跟他一起工作过没有?**
         경험을 묻는 정반의문문

  응용표현 너 전에 스타明星를 만나본 적 있어, 없어?

  ➡ _____

⑦ 그녀는 어릴 때는 살이 쪘지만, 지금은 날씬해졌다.

➡ **她曾经胖过，现在瘦了。**
   曾经…过 : 전에 ~한 적 있다

  응용표현 그 사람은 전에 이곳에 와본 적이 있어요.

  ➡ _____

⑧ 난 일본에 한 번도 가본 적이 없어.

➡ **我从来没去过日本。**
     경험의 부정

  응용표현 난 인도 요리를 한 번도 먹어본 적이 없어.

  ➡ _____

4. 교정 연습 〈앗! 나의 실수~〉

1 他还在那儿站，你去叫他过来吧。 →
2 你看，办公室里的灯还亮了。 →
3 我还没去了长城，你呢？ →
4 十年前，我曾经在这儿住着一段时间。 →

5. 활용하기 〈나의 작문 실력 뽐내기〉

다음 단어로 멋진 문장을 만들어볼까요?

1 俩　姐妹　唱　愉快地　歌　着
   → _____

2 即使　他　睡觉　是　也　冬天　着　窗户　开
   → _____

3 小时候　几　我　旅行　国外　过　次　去
   → _____

여러분의 작문 실력을 보여주세요~

4 나는 김 군小金을 기다리면서等着, 음악을 듣고 있다.(一边……一边……)
   → _____

5 그 식당은 여기서 멀지 않으니까, 우리咱们 그냥 걸어서走着 가요.
   → _____

6 우리는 전에曾经 몇 년 동안 같이在一起 일한 적이 있지요.
   → _____

7 난 다른 사람이랑 약속을 해서约会 한 번도 늦어본迟到 적 없어요.
   → _____

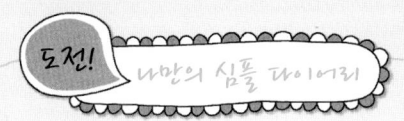

그 식당 내가 몇 번 가봤거든.
우리 그냥 대중교통 이용하는 게 나아.
차 가지고 가면, 주차하기 힘들어.
주차장이 있긴 하지만, 언제 가봐도 차들이 꽉꽉 차 있더라고.
아니면, 우리 자전거 타고 갈까?

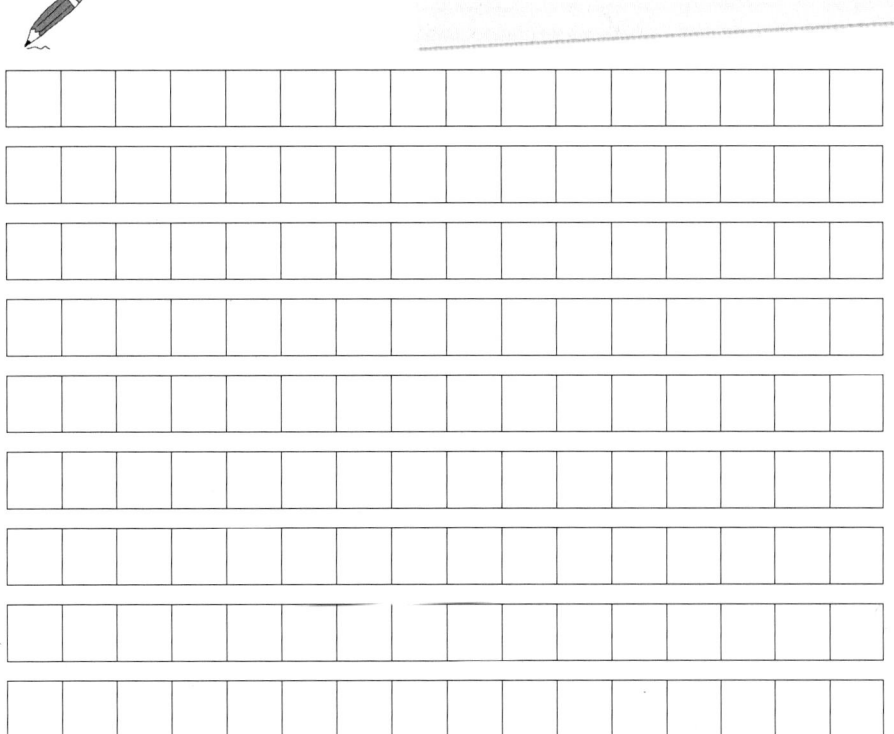

다음 단어들을 이용하여 일기를 써보세요!
시내버스 公交车 gōngjiāochē | 주차하다 停车 tíng chē |
주차장 停车场 tíngchēchǎng |
자전거 타다 骑自行车 qí zìxíngchē

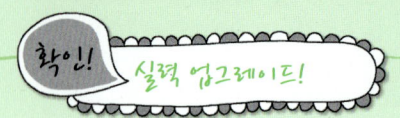

那个餐厅我去过几次。

咱还是坐公交车去好。

开车去的话,停车不好。

停车场是有的,可老是没停车地方。

要不,咱骑自行车去怎么样?

8과 존재, 출현, 소실을 설명하는 존현문

"배는 이미 떠난 지 오래건만, 아이는 아직도 부두에 앉아 있다. 가끔씩 갈매기 한두 마리 시야에 들어오는가 싶더니, 수평선을 향해 사라진다."

'배가 떠나다', '앉아 있다', '사라진다' 등과 같이 어떤 장소에 사람이나 사물이 출현하고 머무는 것, 사라지는 것을 표현하는 문장을 '존현문(存現句)'이라고 해요.

존현문은 환경이나 정물을 묘사하며, 문학 작품이나 시나리오의 무대 배경, 구조와 배치에 관련된 설명문에 많이 쓰입니다.

1. 시도하기 _{몸풀기 작문 연습! 시~작!}

① 책상 위에 많은 물건이 놓여 있다.

① 놓여 있다 放着 fàngzhe

② 벽에 그림이 한 폭 걸려 있다.

② 벽 墙 qiáng
   걸려 있다 挂着 guàzhe
   폭 幅 fú

③ 어제 신입생이 한 명 왔다.

③ 신입생 新生 xīnshēng

④ 앞에서 몇 사람이 걸어왔다.

④ 걸어오다 走过来 zǒu guòlai

⑤ 마을에서 한 사람이 죽었다.

⑤ 마을에서 村里 cūn li
   죽다 死 sǐ

⑥ 우리 집은 물건을 잃어버린 적이 있다.

⑥ 잃어버리다 丢 diū

2. 발견하기 *중국어 어법의 세계로~!*

1 존현문 맛보기

존현문은 사람이나 사물의 존재, 출현, 소실에 대해 설명할 때 쓰는 문장 형식입니다. 일반 동사 술어문은 사람이나 사물 주어에 중점을 두지만, 존현문은 '장소'와 '시간'에 중점을 두지요. 존현문을 만들 때는 동태조사 '了, 着, 过'를 이용합니다.

기본 형식   장소 + 동사 + 了/着/过 + (불특정) 사람/사물

| 屋里 | 坐着 | 几个人。 | 방안에 몇 사람이 앉아 있다. |

↖ 존재

| 路边 | 出现了 | 一只狗。 | 길가에 개 한 마리가 나타났다. |

↖ 출현

| 我们办公室 | 丢过 | 一些文件。 | 우리 사무실에서 문서들을 잃어버린 적이 있다. |

↖ 소실

2 존현문 주의사항

1. 존현문은 존재, 출현, 소실을 나타냅니다.

墙上挂着一幅画儿。　　벽에 그림이 한 폭 걸려 있다. (존재) ← 시도하기 ❷
前边走过来几个人。　　앞에서 몇 사람이 걸어왔다. (출현) ← 시도하기 ❹
我家丢过东西。　　　　우리 집은 물건을 잃어버린 적이 있다. (소실) ← 시도하기 ❻

2. 존현문에서 주어는 반드시 장소를 나타내는 명사나 시간사가 와야 합니다.

桌子上放着很多东西。　책상 위에 많은 물건이 놓여 있다. (장소명사) ← 시도하기 ❶
昨天来了一个新生。　　어제 신입생이 한 명 왔다. (시간사) ← 시도하기 ❸

3. 장소 명사나 시간사가 존현문의 주어로 쓰일 때, 在를 붙이지 않습니다.

　아침 여덟 시에 손님 몇 명이 갔다.　　早上八点走了几个客人。(○)

　　　　　　　　　　　　　　　　　　在早上八点走了几个客人。(×)

　북쪽에서 말떼가 몰려왔다.　　　　北边跑来一群马。(○)

　　　　　　　　　　　　　　　　　　在北边跑来一群马。(×)

4. 존현문의 목적어로는 반드시 불특정한 사람이나 사물이 와야 합니다. 이때 수량사 관형어나 묘사성 관형어가 동반되는 경우가 많습니다.

　村里死了一个人。　　마을에서 한 사람이 죽었다. ← 시도하기 ❺

　东边开过来一辆汽车。　동쪽에서 차 한 대가 달려왔다.

5. 존현문을 부정할 때는 일반적으로 수량사로 이루어진 목적어를 쓰지 않습니다.

　거기엔 옷이 걸려 있지 않다.　　那儿没挂着衣服。(○)

　　　　　　　　　　　　　　　　那儿没挂着两件衣服。(×)

　입구에 차가 서 있지 않아요.　　门口没停着车。(○)

　　　　　　　　　　　　　　　　门口没停着一辆车。(×)

　※ 수량사로 이루어진 목적어를 쓸 때 부정사는 동작을 부정하는 것이 아니라 수량을 부정하는 것입니다.

3. 검토하기

① 문 앞에 차 한 대가 서 있다.

⇨ 门口停着一辆汽车。
　　　존재

　응용표현 로비大厅에 외국인 몇 명이 서站 있다.

　⇨ _____

② 이 공장에서 한 사람도 부상당한 적 없다.

⇨ 这个工厂里没伤过一个人。
　　　　　존현문의 부정형

　응용표현 이 편지 봉투에 우표가 안 붙어贴 있다.

　⇨ _____

③ 차 안에 많은 사람들이 서 있다.

⇨ 汽车上站着许多人。
　　　존재

　응용표현 벽에 바지 두 벌이 걸려挂 있다.

　⇨ _____

④ 최근 우리 집에 손님이 오지 않았다.

⇨ 最近我家没来客人。
　　　　존현문의 부정형

　응용표현 우리 아파트 단지小区에서는 사람이 죽지死 않았다.

　⇨ _____

⑤ 나무에 새가 한 마리 날아왔다.

⇨ 树上飞过来一只鸟。
　　　출현

　응용표현　길에路上 할아버지老大爷 한 분이 걸어오고 계신다.

　⇨ _____

⑥ 요 며칠간 이상한 일이 몇 건 일어났다.

⇨ 这几天发生了几件奇怪的事儿。
　　　　　　출현

　응용표현　어제 신입생新生이 몇 명 왔다.

　⇨ _____

⑦ 이 씨네李家에서 한 사람이 죽었다.

⇨ 李家死了一个人。
　　　소실

　응용표현　지난주에 양 한 무리一群가 도망쳤다跑.

　⇨ _____

⑧ 오늘 손님이 몇 분 오셨죠?

⇨ 今天来了几个客人?
　　　　　존현문 의문 형태

　응용표현　탁자 위에 무엇이 놓여 있죠?

　⇨ _____

4. 교정 연습 앗! 나의 실수~

1 花瓶里插几朵百合。 →
2 前边开过来那辆汽车。 →
3 饭店里走着一批客人。 →
4 本子上写的名字了吗? →

5. 활용하기 나의 작문 실력 뽐내기

🔅 다음 단어로 멋진 문장을 만들어볼까요?

1 屋里 坐 个 几十 着 人
    → _____

2 班 来 了 同学 一 个 新 我们
    → _____

3 他家 头 死 一 牛 昨天 了
    → _____

🔅 여러분의 작문 실력을 보여주세요~

4 소파沙发에 남자아이 두 명이 자고 있어요 睡着.
    → _____

5 우리 회사单位에 구매 전문가采购专家가 한 분 오셨어요.
    → _____

6 멀리서 시내버스公交车가 오고 있네요.
    → _____

7 우리 아파트 단지小区에서 두 가구两户가 이사 갔어요.
    → _____

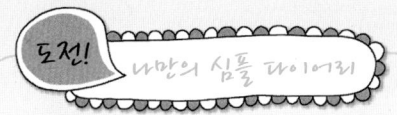

식탁 위에 맛있는 게 잔뜩 있네, 누가 사다 놓은 걸까?
요즘 우리 집에 손님 오신 적도 없는데 말이야.
저쪽에서 누군가 걸어오고 있는데, 엄마는 아닌 것 같다.
다들 어디 간 거야?
이웃집에 강아지가 한 마리 죽었다던데,
설마 강아지 애도하러 간 건가?

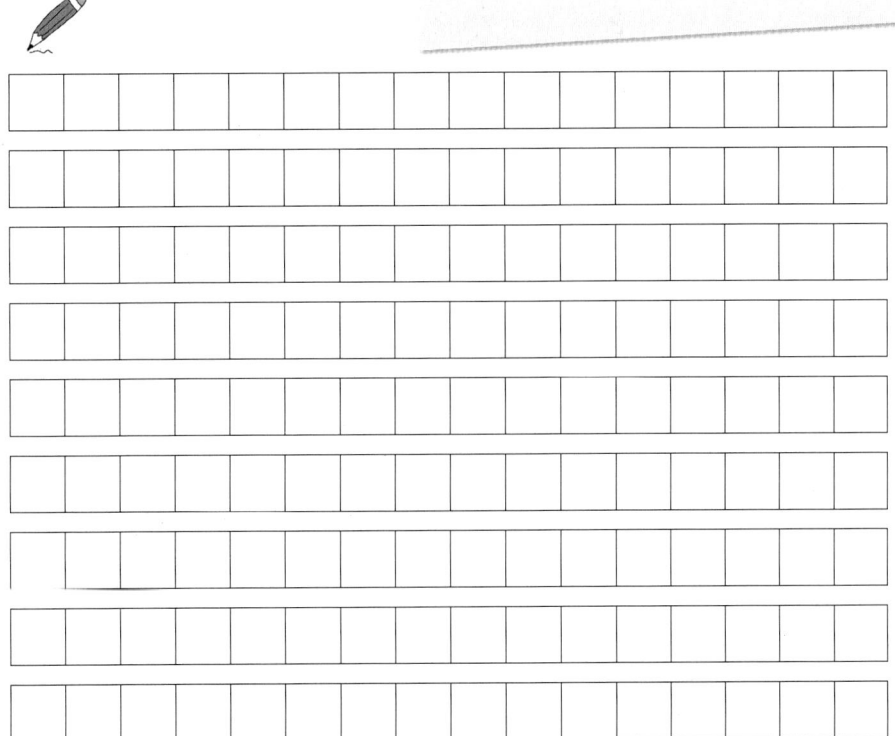

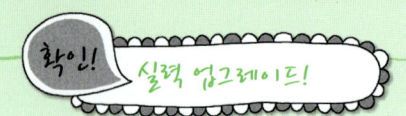

饭桌上放着很多好吃的，是谁买回来的呢？

最近我家~~客人~~没来。

존현문에서 '어떤 장소에 누가 오지 않다'라고 할 때는 '没(有)来+불특정한 사람'을 쓴다.

那边走过来一个人，可不像是妈妈。

他们都去哪儿了？

<u>听说</u>邻居家死了一条狗，难道去哀悼

听说 누군가로부터 전해 들은 내용을 설명할 때는 听说를 쓴다.

小狗了~~吗~~？

'설마 ~이겠는가?'라고 할 때는 '难道…吗?' 형식으로 쓰지만, 문장 끝에 了가 있을 경우에는 吗를 생략하는 경우가 많다.

9과 나도 너만큼은 해!
비교 표현 (1)

생활 속에서 피할 수 없는 일 중 하나가 바로 '남과 비교하기'입니다. 형보다 키가 작고, 친구보다 공부를 못하고…… 이처럼 다른 사람과 비교하는 말을 듣고 속상했던 기억은 누구나 있을 거예요. 그런데 '비교하기'가 항상 기분 나쁜 것만은 아닙니다. 비교하는 일을 멈출 수 없다면 가능한 즐거운 비교를 하는 게 좋겠지요. '나도 너처럼 봉사활동을 자주 해', '요즘 갈수록 마음이 행복해져요'처럼 말이지요.

1. 시도하기 _{몸풀기 작문 연습! 시~작!}

① 우리 언니는 나보다 두 살 많아요.

② 밍밍이는 나만큼 커.

③ 내 책가방은 네 것이랑 같아.

④ 자네 아들이 꼭 자네처럼 똑똑하군.

⑤ 날씨가 하루가 다르게 따뜻해지고 있다.

⑥ 누가 너보다 더 운동을 좋아하니?

① ~보다 比 bǐ
많다 大 dà
~세, ~살(나이) 岁 suì

② ~만큼 ~하다
有…这么…
yǒu…zhème…

③ 책가방 书包 shūbāo
~와 같다
跟…一样 gēn…yíyàng

④ 아들 儿子 érzi
~처럼 ~하다
像…一样 xiàng…yíyàng
똑똑하다 聪明 cōngming

⑤ 하루가 다르게
一天比一天
yì tiān bǐ yì tiān
따뜻하다 暖和 nuǎnhuo

⑥ 더 更 gèng
운동 运动 yùndòng

2. 발견하기 — 중국어 어법의 세계로~!

1 비교문 맛보기

比 비교문은 두 대상의 성질이나 정도의 차이를 나타냅니다. 有 비교문은 수준의 정도를 비교합니다. 跟 비교문은 두 사물을 비교한 결과가 같은지 다른지를 설명하고, 像 비교문은 두 성질이 서로 닮았는지를 비교합니다. 一天比一天은 하루가 다르게 정도가 누적됨을 표현하며, 문장에서 부사어로 쓰입니다.

기본형식

今天比昨天冷。 — 오늘은 어제보다 춥네요.
↳ ~보다 ~하다

明明有小金那么帅。 — 밍밍이는 김 군만큼 잘생겼어요.
↳ ~만큼 ~하다

我的想法跟你一样。 — 내 생각은 너랑 같아.
↳ ~와 같다

他像他爸爸那么爱唱歌。 — 그 앤 자기 아빠처럼 노래 부르는 걸 좋아해요.
↳ ~처럼 그렇게

销售量一天比一天增加。 — 판매량이 하루가 다르게 늘고 있네요.
↳ 하루가 다르게

2 비교문 주의사항

1. 比 비교문에는 수량보어가 동반됩니다.

我姐姐比我大两岁。 — 우리 언니는 나보다 두 살이 많아요.
这件比那件贵五十块。 — 이 옷은 저 옷보다 50위엔이 비싸요.

> * 比의 부정형인 不比 형식은 두 비교 대상이 '거의 차이가 없다(差不多)'라는 뜻을 나타냅니다.
> 他不比我高。 그 사람과 난 키가 비슷해요.
> 我不比你差。 나도 너랑 뭐 별 차이 안 난다고.

2. 有 비교문은 비교 대상이 어떤 기준이나 정도에 도달하는지를 설명합니다.

   明明有我这么高。 밍밍이는 나만큼 커. ←시도하기 ❷

   这间屋子有那间屋子那么大。 이 방은 저 방만큼 커요.

3. 跟 비교문은 두 비교 대상을 비교한 결과가 같은지 다른지를 판단합니다.

   我的书包跟你的一样。 내 책가방은 네 것이랑 같아. ←시도하기 ❸

   今年的产量跟去年的一样多。 올해 생산량은 작년만큼 많아요.

4. 像 비교문은 비교하는 대상의 두 성질이 닮았는지를 설명합니다.

   你儿子像你一样聪明。 자네 아들이 꼭 자네처럼 똑똑하군. ←시도하기 ❹

   玫瑰像百合那么香。 장미는 백합처럼 향기롭다.

5. 一天比一天은 '一 + 양사 + 比 + 一 + 양사' 구조로 하루하루 정도가 누적되어 가는 것을 표현합니다. 天 자리에 다른 양사를 넣어서 응용할 수 있습니다.

   天气一天比一天暖和了。 날씨가 하루가 다르게 따뜻해지고 있다. ←시도하기 ❺

   我们班的女生一个比一个漂亮。 우리 반 여학생은 한 명 한 명 다 예쁘다.

6. 비교문에는 정도보어와 부사 '还, 更'을 쓸 수 있으며, 정도부사는 쓸 수 없습니다.

   他来得比我早。(○) 他比我来得早。(○) 그는 나보다 일찍 왔습니다.

   我比他更喜欢你。(○) 我比他很喜欢你。(×) 내가 그 사람보다 널 훨씬 더 좋아해.

7. 비교문의 의문문은 의문사를 쓰거나 비교 내용을 정반의문문으로 쓸 수 있습니다.

   谁比你更喜欢运动? 누가 너보다 더 운동을 좋아하니? ←시도하기 ❻

   你的手表跟他的一样不一样? 네 시계가 그 사람 것하고 같니, 다르니?

3. 검토하기 아~ 이게 이거였구나~!

① 난 너보다 세 살이 많아.

⇨ 我比你大三岁。
   比 비교문

   응용표현 내가 그 사람보다 잘생겼지帅.

   ⇨ _____

② 그 사람 너보다 몇 살 많아?

⇨ 他比你大几岁?
   비교문 의문형

   응용표현 누가 너보다 일찍 왔니来?

   ⇨ _____

③ 이 교실은 저 교실만큼 그렇게 커.

⇨ 这个教室有那个教室那么大。
   有 비교문

   응용표현 올해 생산량产量은 작년만큼 그렇게 많다.

   ⇨ _____

④ 그 사람은 나보다 훨씬 바빠.

⇨ 他比我更忙。
   비교문에 쓰는 부사 更, 还

   응용표현 이 옷이 저 옷보다 더 예쁘다. (比 비교문+부사 还)

   ⇨ _____

⑤ 내 시계는 네 것과 비슷해.

⇒ **我的手表跟你的差不多。**
　　　　　　~와 비슷하다

응용표현 나의 생각은 그와 跟 비슷하다.

　　⇒ _____

⑥ 이 산은 저 산처럼 그렇게 웅대하다.

⇒ **这座山像那座山那么雄伟。**
　　　　像…那么: ~만큼 ~하다

응용표현 그 애는 자기 누나처럼 그렇게 공부를 좋아해요.

　　⇒ _____

⑦ 날씨가 하루가 다르게 추워진다.

⇒ **天气一天比一天冷了。**
　　　　하루가 다르게

응용표현 학습 성적이 하루가 다르게 좋아진다.

　　⇒ _____

⑧ 사과와 비교해서, 나는 포도를 훨씬 더 좋아한다.

⇒ **比起苹果来，我更喜欢葡萄。**
　　~와 비교해서

응용표현 공부와 비교해서, 나는 노는 걸 훨씬 더 좋아한다.

　　⇒ _____

4. 교정 연습 앗! 나의 실수~

1 我比他很高。 →
2 女儿有快妈妈那么高了。 →
3 我的自行车不跟你的一样。 →
4 你应该认真像你爸爸那样。 →

5. 활용하기 나의 작문 실력 뽐내기

다음 단어로 멋진 문장을 만들어볼까요?

1 谁 能干 你 有 啊
   → _____

2 能 比 他 更 明明 吃苦
   → _____

3 漂亮 玫瑰 她 一样 像
   → _____

여러분의 작문 실력을 보여주세요~

4 내 머리카락头发도 너만큼 까맣거든黑.
   → _____

5 내 취미爱好는 너랑 같아.
   → _____

6 그 사람이 나보다 100위엔을 더多 가지고 있어.
   → _____

7 나는 결코并 너처럼像 그렇게 시간이 많지 않아.
   → _____

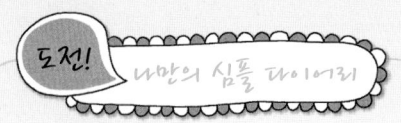

다들 아빠랑 나랑 많이 닮았다고 하더라.
아빠랑 눈도 같고, 코도 같고,
특히 웃는 모습은 판박이라고 하더라고.
그런데 엄마는 아빠가 나보다 훨씬 잘 생기셨다고 하셔.
우리 엄마는 아빠를 너무 사랑하신다니까.
엄마, 저 서운해요~

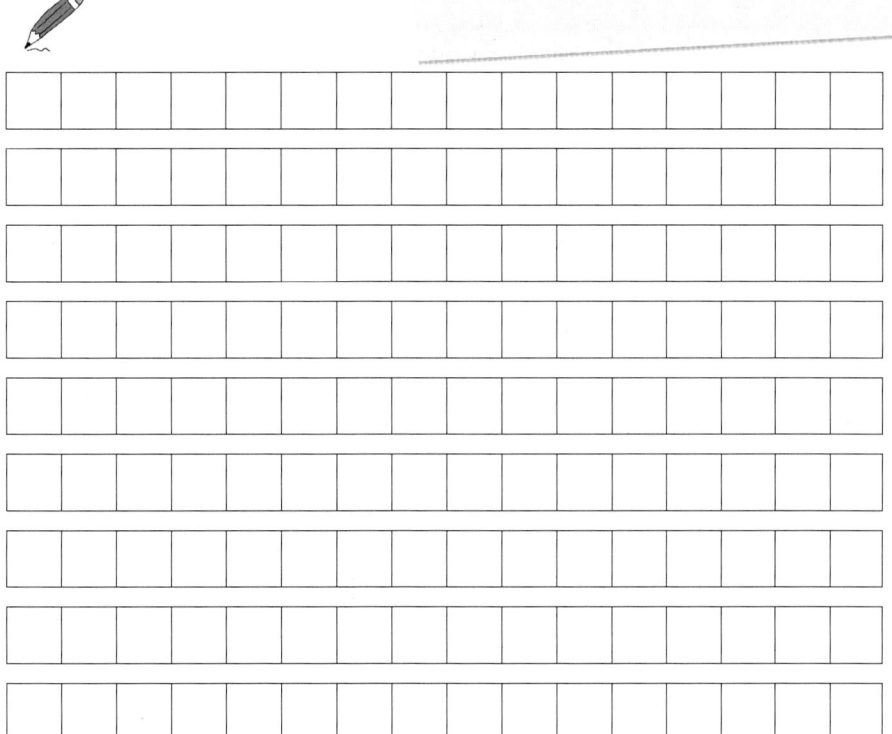

다음 단어들을 이용하여 일기를 써보세요!
닮다 像 xiàng | 웃는 모습 笑容 xiàoróng |
판박이다, 똑같다 一模一样 yì mú yí yàng | 훨씬 更 gèng |
서운하다, 속상하다 伤心 shāngxīn

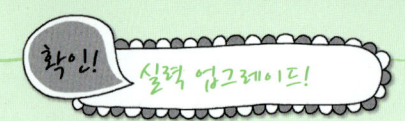

都说我很像我爸爸。

我像他的眼睛一样，鼻子也像他一样，尤其是我的笑容，跟他一模一样。

我的眼睛像爸爸一样，鼻子也一样 ← '닮았다'고 표현할 때, '像…一样' 형식을 쓴다.

可是我妈妈说爸爸比我很帅。

更 ← 비교문에 쓸 수 있는 부사는 '更, 还'이다. 정도부사는 비교문에 쓸 수 없다.

妈妈太爱爸爸了。

妈，我有点儿伤心~

10과 누가 누가 잘하나? 비교 표현(2)

"난 너만큼 친절하지 않아." "버스는 비행기보다 빠르지 않아요."
앞에서는 즐거운 비교를 했으니까 이번엔 속상한 비교를 한번 해볼까요? '~보다 ~하지 않다', '~만 못하다' 같은 비교를 '열등비교'라고 합니다. 또 다른 비교문으로는 어떤 조건이나 상태가 시간이 지날수록 좋아지거나 나빠진다고 표현하는 '越来越…, 越…越…' 등이 있습니다.

1. 시도하기 _몸풀기 작문 연습! 시~작!_

① 그는 노래를 나만큼 잘 부르지 못해.

① 노래 부르다 唱 chàng
　~만 못하다 没有 méiyǒu

② 남방은 북방만큼 그렇게 춥지 않아.

② 남방 南方 nánfāng
　북방 北方 běifāng
　~만큼 그렇게 ~하지 않다
　有…那么 yǒu…nàme

③ 넌 나만 못해.

③ ~만 못하다 不如 bùrú

④ 길이 이렇게 막히니, 차 타는 게 차라리 걸어가는 것만 못하군.

④ 차가 밀리다 堵车 dǔ chē
　차라리 还 hái
　걷다 走 zǒu

⑤ 비가 갈수록 세차게 내린다.

⑤ 갈수록 ~하다
　越来越 yuè lái yuè

⑥ 그들은 얘기할수록 의기투합했다.

⑥ A 할수록 B 해지다
　越A越B yuè A yuè B
　의기투합하다, 배짱이 맞다
　投机 tóujī

2. 발견하기 *중국어 어법의 세계로~!*

1 비교문 맛보기

没有 비교문은 '어떤 기준에 못 미친다'는 의미를 나타내고, 不如 비교문은 다른 대상과 '비교가 되지 않는다'는 것을 표현합니다. 越来越는 사람이나 사물의 어떤 성질이 시간의 추이에 따라 변화가 생긴다는 의미입니다. '越A越B' 형식은 A라는 조건이 변화함에 따라, B라는 현상에 변화가 생긴다는 표현입니다.

기본 형식

今天没有昨天那么冷。 　　 오늘은 어제만큼 그렇게 춥지 않네요.
↖ ~만큼 ~하지 않다

我爷爷的身体不如以前了。 　　 우리 할아버지는 건강이 예전만 못하세요.
　　　　↖ ~만 못하다

我越来越喜欢中国了。 　　 나는 갈수록 중국이 좋아진단다.
　↖ 갈수록

我越学汉语，越觉得有意思。 　　 난 중국어를 공부할수록, 중국어가 재미있어져.
　↖ ~할수록 ~하다

2 비교문 주의사항

1. 没有 비교문은 어떤 기준에 못 미친다는 것을 표현합니다.

他唱得没有我好。 　　 그는 노래를 나만큼 잘 부르지 못해. ← 시도하기 ❶

南方没有北方那么冷。 　　 남방은 북방만큼 그렇게 춥지 않아. ← 시도하기 ❷

* 比 비교문의 부정형은 비교 대상의 순서를 바꾸고, 没有를 이용하여 만들 수 있습니다.
　他比我高一点儿。 그 애는 나보다 조금 더 커요. (=我没有他高。 나는 그 애만큼 크지 않아요.)

2. 不如 비교문은 어느 한쪽이 다른 한쪽에 비해 '비교가 안 될 정도'라는 의미를 나타냅니다.

   你不如我。   넌 나만 못해. ← 시도하기 ❸

   路上这么堵车，坐车还不如走着去。 길이 이렇게 막히니, 차 타는 게 걸어가는 것만 못하군.
   ← 시도하기 ❹

3. 不如 비교문에서 서술어로는 정도보어 구조나 '조동사+동사' 구조가 많이 쓰입니다.

   他汉语不如你说得流利。   그 친구 중국어는 너만큼 유창하지 않아.

   你不如他会照顾别人。   넌 그 친구보다 다른 사람을 배려하지 못해.

4. 越来越는 시간이 흐를수록 사람과 사물의 어떤 성질에 변화가 생겨 정도가 심해진다는 것을 표현합니다. 반드시 정도보어의 앞에 위치합니다.

   我现在越来越讨厌他了。   난 지금 갈수록 그 사람이 싫어지고 있어.

   雨下得越来越大了。   비가 갈수록 세차게 내린다. ← 시도하기 ❺
         ↖ 정도보어 大

5. '越A越B' 형식은 A라는 조건이 변화함에 따라, B라는 현상에 변화가 생긴다는 표현입니다. A는 동사, B는 형용사를 씁니다.

   他们俩越谈越投机。   그들은 얘기할수록 의기투합했다. ← 시도하기 ❻

   他越跑越快。   그는 달릴수록 더 빨리 달렸다.

3. 검토하기 　아~ 이게 이거였구나~!

① 그는 나보다 크지 않다.

⇒ **他没有我高。**
　　~만큼 ~하지 않다

　응용표현 시내버스는 지하철만큼 안전하지安全 못하다.

　⇒ _____

② 이 아이는 자기 형만큼 그렇게 노는 걸 좋아하지 않아요.

⇒ **这个孩子没有他哥哥那么爱玩儿。**
　　　　　　　~만큼 ~하지 않다

　응용표현 이 브랜드는 저것만큼 그렇게 유명하지有名 않아요.

　⇒ _____

③ 그는 나만큼 노력하지 않는데, 그의 성적이 나보다 낫다.

⇒ **他没有我努力，可是他成绩比我好。**
　　~만큼 ~하지 않다

　응용표현 오늘은 어제만큼 춥지 않네요.

　⇒ _____

④ 내가 쓴 글씨는 그가 쓴 글씨만큼 예쁘지 않다.

⇒ **我写的字不如他写的好看。**
　　　　　~만 못하다

　응용표현 내 HSK 성적은 너만 못해.

　⇒ _____

⑤ 식당 음식이 네가 만든 것보다 맛이 없다.

⇨ **餐厅的菜不如你做的好吃。**
　　　~만 못하다

응용표현 그의 불어 실력은 예전만 못하다.

⇨ _____

⑥ 이렇게 기다리느니, 뭔가 찾아서 하는 게 낫겠어.

⇨ **这样等着，不如找事做做。**
　　　　　　　~만 못하다

응용표현 내가 보기에觉得 겨울이 여름보다 못한 것 같아.

⇨ _____

⑦ 나는 이 일을 생각할수록 즐거워진다.

⇨ **我越想这事越高兴。**
　　越A越B : A(동사)할수록 B(형용사)해진다

응용표현 그 애는 커갈수록 예뻐진다.

⇨ _____

⑧ 난 갈수록 중국이 좋아지고 있어.

⇨ **我越来越喜欢中国了。**
　　越来越 +형용사, 동사 : 갈수록 ~하다

응용표현 요즘 그는 갈수록 몸이 말라瘦간다.

⇨ _____

4. 교정 연습 앗! 나의 실수~

1 他跑得我没有快。 →
2 百闻没如一见。 →
3 秋天了，天气越凉越快了。 →
4 我越吃怎么越饿呢？ →

5. 활용하기 나의 작문 실력 뽐내기

다음 단어로 멋진 문장을 만들어볼까요?

1 他 英语 好 说 没有 得 我
   →

2 远 不如 亲 邻 近
   →

3 车 越来越 开 快 得 了
   →

여러분의 작문 실력을 보여주세요~

4 그 사람은 너보다 일찍 오지来得 않았어没有.
   →

5 그는 너보다 똑똑하지聪明 않아.
   →

6 현재 항공사航空公司간의 경쟁竞争이 갈수록 치열해지고激烈 있다.
   →

7 그는 생각할수록越 화가 났고, 화가 날수록越 억울하게委屈 느껴졌다.
   →

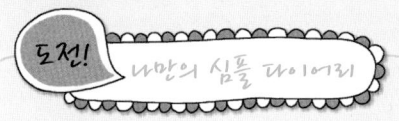

요즘 미니스커트가 대 유행이다 보니,
친구들 치마가 갈수록 짧아진다.
난 스커트 입는 게 청바지 입는 것만 못하던데,
이 추운 날 왜 치마 입고 오들오들 떨고 있는 거니?
어이, 친구들! 멋도 좋지만, 감기 걸리면 어쩌려고?
감기 걸려서 약 사달라고 하면, 어림도 없다~

다음 단어들을 이용하여 일기를 써보세요!

유행하다 流行 liúxíng | 갈수록 越来越 yuè lái yuè |
짧다 短 duǎn | 오들오들 떨다 冻得发抖 dòng de fādǒu |
멋 时髦 shímáo | 감기 걸리다 感冒 gǎnmào

最近特别流行迷你裙，朋友们的裙子越来越短了。

　　我觉得穿裙子不如穿牛仔裤，这么冷的天，干吗穿着裙子冻得发抖呢?

　　哎，朋友们! 时髦不错，但感冒了怎么办? 等感冒了要我去给你们买药，这我可不干了~

> 没　不错는 好의 뜻이다.
> '틀리지 않다, 맞다'는 没错이다.

> 어떤 행동을 하지 않겠다는 강한 의지를 표현할 때는 了를 쓰지 않는다.

11과 누군가에게 무슨 일이 생기면
把字句

"누가 내 돈 가져갔어?", "내가 동생을 데리고 왔어요."
이렇게 특정한 대상을 콕 집어서 어떤 행동이나 조치를 취한 후, 일어난 결과를 표현할 때 주로 쓰는 문형이 바로 把字句입니다. 혹은 '처치문'이라고도 합니다. 把字句에는 반드시 '분명하고 확실한 목적어'가 등장해야 합니다. 또한 그 목적어에 어떤 조치를 취하고 난 후의 '결과'를 반드시 표현해야 한다는 점 잊지 마세요.

1. 시도하기 — 몸풀기 작문 연습! 시~작!

① 너 내일 디지털카메라 좀 가지고 와.

　　① 디지털카메라
　　　数码相机 shùmǎ xiàngjī
　　　가지고 오다 带来 dàilai

② 내가 네 떡을 먹어치웠어.

　　② 떡 米糕 mǐgāo
　　　먹어치우다 吃掉 chīdiào

③ 누가 내 지갑을 가져간 거야?

　　③ 지갑 钱包 qiánbāo
　　　가지고 가다 拿走 názǒu

④ 너 숙제를 왕 선생님께 제출해.

　　④ 숙제 作业 zuòyè
　　　제출하다 交给 jiāogěi

⑤ 그 사람이 네 자전거 타고 가지 않았는데.

　　⑤ 타고 가다 骑走 qízǒu

⑥ 너 이 글을 중국어로 번역할 수 있어?

　　⑥ 글 文章 wénzhāng
　　　~할 수 있다 能 néng
　　　~로 번역하다
　　　翻译成 fānyì chéng

2. 발견하기 중국어 어법의 세계로~!

1 把字句 맛보기

일반적인 '동사 술어문'은 주어가 단순히 어떠한 동작을 수행했다는 사실을 설명합니다. 이에 비해 把字句는 주어가 목적어에 영향을 미쳐 어떤 결과가 발생했음을 설명합니다. 그러므로 동사 뒤에 처치한 결과가 '어떻게' 나타났는지 보여주는 기타성분이 반드시 나와야 합니다.

기본형식
我　把　自行车　修　好了　　제가 자전거를 수리했어요.
주어 + 把 + 목적어 + 서술어 + 기타성분
　　　　　← 처치를 받는 사람, 사물

확장형식
我　把　这件事　给　忘　了　　제가 이 일을 잊었네요.
주어 + 把 + 목적어 + 조사 + 서술어 + 기타성분

2 把字句 주의사항

1. 把字句의 목적어는 반드시 '특정한 대상'이어야 합니다.

   明天你把数码相机带来吧。　　너 내일 디지털카메라 좀 가지고 와. ← 시도하기 ❶
   谁把我的钱包拿走了？　　누가 내 지갑을 가져간 거야? ← 시도하기 ❸
   我们把那只鸡吃了。　　우리가 그 닭을 먹었다. (○)
   我们把一只鸡吃了。　　우리는 닭 한 마리를 먹었다. (×)

2. 서술어 뒤 기타성분으로 동태조사 '了, 着', 결과보어 '在, 到, 成, 给', 방향보어, 정도보어, 수량보어 등이 올 수 있습니다. 그러나 동작의 경험을 나타내는 동태조사 过와, 동작의 실현가능성 여부를 타진하는 가능보어는 쓸 수 없습니다.

   我把你的米糕吃掉了。　　내가 네 떡을 먹어치웠어. (결과보어) ← 시도하기 ❷
   你把她送回家吧。　　자네가 저 앨 집에 데려다 주게. (방향보어)
   他把我的钱包偷过。　　그가 내 지갑을 훔쳐간 적이 있다. (×)
   他把练习做不了。　　그는 연습문제를 풀 수 없다. (×)

3. 부사어는 把 앞에 씁니다.

    她没把你的钱包偷走。　　　　그녀는 네 지갑을 훔쳐가지 않았어. (부정부사)
    我想把这些资料交给张老师。　난 이 자료들을 장 선생님께 드리고 싶어. (조동사)
    你快把我的毛衣拿出来。　　　너 빨리 내 스웨터 내놔. (부사)

4. '给, 到, 成, 在'가 결과보어로 쓰이는 문장은 把字句를 씁니다.

    你把作业交给王老师吧。　　　너 숙제를 왕 선생님께 제출해. ← 시도하기 ❹
    请把桌子搬到这儿吧。　　　　책상을 이쪽으로 옮겨주세요.
    你能把这篇文章翻译成中文吗？너 이 글을 중국어로 번역할 수 있어? ← 시도하기 ❺
    我们把电脑放在哪儿呢？　　　저희가 컴퓨터를 어디에 놓을까요?

5. 给가 동사 앞에 조사로 쓰여 어감을 강조하기도 합니다.

    我把家里的钥匙给丢了。　　　내가 집 열쇠를 잃어버렸지 뭐야.

6. 把字句는 '不, 没(有)'로 부정할 수 있습니다.

    我不想把这个消息告诉小王。　난 이 소식을 왕 씨한테 알려주고 싶지 않은데.
    他没把你的自行车骑走。　　　그 사람이 네 자전거 타고 가지 않았는데. ← 시도하기 ❺

3. 검토하기   아~ 이게 이거였구나~!

① 어제 나는 만년필을 잃어버렸습니다.

⇨ **昨天我把钢笔丢了。**
　　주어+把+목적어+서술어+기타성분

　응용표현 내가 생수矿泉水를 마셨어요.

　⇨ _____

② 언니는 옷을 다 빨았습니다.

⇨ **姐姐把衣服洗完了。**
　　把 뒤의 목적어는 '확실한 특정 대상'

　응용표현 그 사람이 내 오렌지 주스를 다 마셔버렸다喝光.

　⇨ _____

③ 너 방 좀 정리해라.

⇨ **你把屋子收拾收拾吧。**
　　　　서술어+기타성분

　응용표현 그는 나를 자기 누나로 여긴다当做.

　⇨ _____

④ 내가 네 신문 가지고 왔어.

⇨ **我把你的报纸拿来了。**
　　　　서술어+방향보어

　응용표현 자네가 범인犯人을 데리고 들어오게.

　⇨ _____

104　맛있는 중국어 작문 2

⑤ 너 얼른 옷을 여기에 걸어.

➢ **你快把衣服挂在这儿吧**。
　　　　　서술어+결과보어 '给, 在, 到, 成'

　　응용표현 제가 자전거를 돌려 드리려고요 还给.

　　➢ _____

⑥ 너 디지털카메라 챙겨.

➢ **你把数码相机带着**。
　　　　서술어+동태조사

　　응용표현 자네 연구소 열쇠를 가지고 拿 있게.

　　➢ _____

⑦ 자네가 이 일을 꼭 처리해야 하네.

➢ **你一定要把这件事儿办好** 。
　　把字句 부사어 위치

　　응용표현 자네 서류를 다시 한번 검사해보게.

　　➢ _____

⑧ 그는 컴퓨터를 들고 오지 않았다.

➢ **他没把电脑拿回来** 。
　　把字句 부정형

　　응용표현 난 네 전화번호를 그에게 남기지 留 않았어.

　　➢ _____

4. 교정 연습 앗! 나의 실수~

1 你把伞带。 →
2 我把面包没吃完。 →
3 他把不能这篇文章翻译完。 →
4 你把一本书交给金院长吧。 →

5. 활용하기 나의 작문 실력 뽐내기

다음 단어로 멋진 문장을 만들어볼까요?

1 你 这儿 桌子 把 放 吧 在

   → _____

2 把 你的 蛋糕 吃掉 我 了

   → _____

3 他 把 全 东西 屋子 卖 了 里 的

   → _____

여러분의 작문 실력을 보여주세요~

4 어머, 어쩌죠! 제가 여권护照을 잃어버렸어요丢了.

   → _____

5 여러분 빨리快 틀린 글자写错的字를 찾아내세요.

   → _____

6 나를 뭘로 보시는看成 거예요? 저 그런 사람那种人 아니거든요.

   → _____

7 너희가 냉장고를 여기로 옮겨줘搬.

   → _____

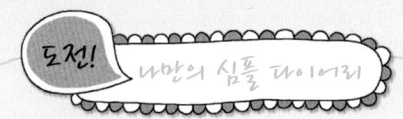

오늘은 방 정리 한번 해야겠다.
책상은 창가로 옮기고, 컴퓨터는 책상 위에,
벽에 예쁜 풍경화도 걸고, 협탁은 침대 옆에,
마지막으로 협탁 위에 꽃병을 하나 올려놓자.
좋아 좋아~
정리 살짝 했을 뿐인데, 효과가 정말 좋군!

다음 단어들을 이용하여 일기를 써보세요!

정리하다 整理 zhěnglǐ | 옮기다 搬 bān | 벽 墙 qiáng |
걸다 挂 guà | 협탁, 작은 탁자 茶几 chájī |
살짝 稍微 shāowēi

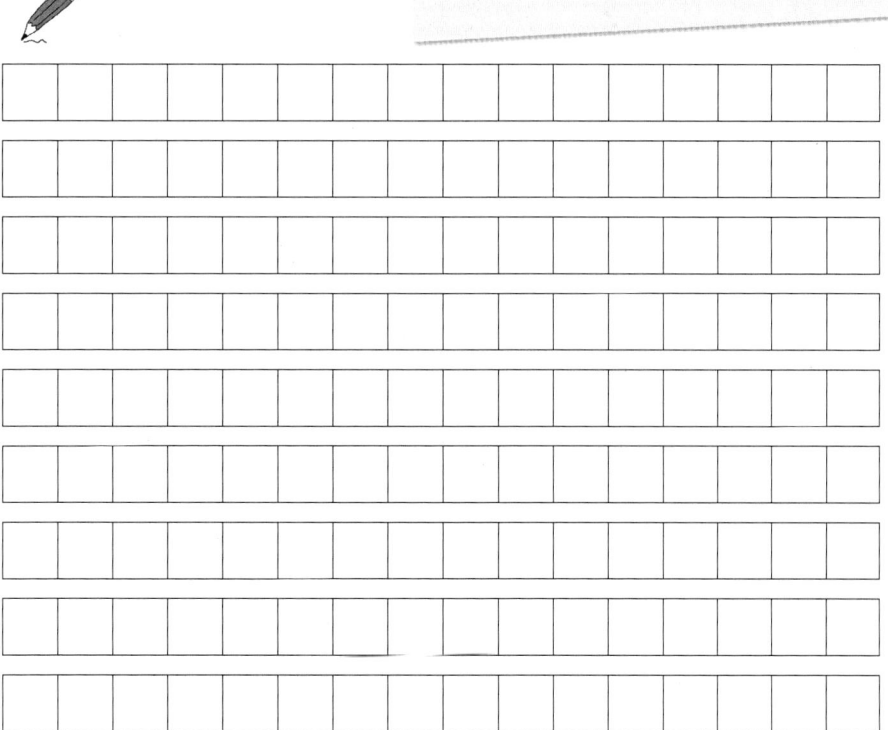

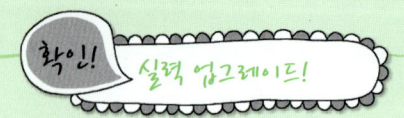

　　今天我要整理一下我的房间。

　　把桌子搬到窗户旁边，把电脑放在桌子上，墙上挂一幅风景画，把茶几放到床旁边，最后，茶几上边放一个花瓶。

　　好了，好了~

　　有点儿整理了一下，效果真的不错！

12과 원치 않는 일을 당했을 때
被字句

"내 동생이 친구에게 맞았어요." "선생님께 꾸중을 들어서 속상해."
이렇게 생각지 못한 일, 원치 않는데 당한 일에 대해 설명할 때 필요한 표현이 바로 被字句입니다. 혹은 '피동문'이라고도 합니다. 주어는 어떤 동작, 행위를 당한 '피행위자'이며, 그 동작을 한 행위자를 전치사 被를 써서 표현합니다. 被 뒤에 오는 행위자는 불분명할 수도 있지만, 피행위자는 반드시 확실해야 합니다. 피동문에는 被 외에도 '叫, 让'도 쓰일 수 있습니다.

1. 시도하기 몸풀기 작문 연습! 시~작!

① 찻잔은 그 사람이 깨뜨렸어요.

① 찻잔 茶杯 chábēi
~에게 당하다 被 bèi
깨지다 打碎 dǎsuì

② 그 사람 또 속았어요.

② 속이다 骗 piàn

③ 편지는 이미 다 썼어요.

③ 다 쓰다 写好 xiěhǎo

④ 네 옷 링링玲玲이 입고 가지 않았어.

④ 입고 가다 穿走 chuānzǒu
~하지 않았다
没(有) méi(yǒu)

⑤ 집 열쇠는 오빠가 찾았어요.

⑤ ~에 의해 당하다 让 ràng
열쇠 钥匙 yàoshi
찾다 找到 zhǎodào

⑥ 그 생선은 고양이가 먹어치웠어요.

⑥ ~에 의해 당하다 叫 jiào
생선 鱼 yú
깨끗이 먹어치우다
吃光 chīguāng

2. 발견하기 중국어 어법의 세계로~!

1 被字句 맛보기

被字句는 주어가 목적어에 의해 원하지 않는 어떤 '처치'를 당하는 것을 표현합니다. 그렇기 때문에 被字句에서는 주어가 명확해야 합니다. 또한 처치를 당한 후에 나타난 결과를 알려주는 기타성분이 반드시 나와야 합니다.

기본 형식

我　　被　　蚊子　　咬　　了　　　　나 모기한테 물렸어.
주어 + 被 + 목적어 + 서술어 + 기타성분
(처치를 받는 주체)

2 被字句 주의사항

1. 被字句에서는 피행위자가 중요하므로, 주어는 일반적이지 않은 특정한 대상이어야 합니다.

   他被我哥哥打了一顿。　　　　　　　그는 우리 형한테 한차례 맞았어요. (○)
   那个学生被我哥哥打了一顿。　　　　그 학생은 우리 형한테 한차례 맞았어요. (○)
   一个人被我哥哥打了一顿。　　　　　한 사람이 우리 형한테 한차례 맞았어요. (×)

2. 被字句에서 목적어를 이끄는 전치사로 '被, 叫, 让' 등이 있습니다.

   茶杯被他打碎了。　　　　　찻잔은 그 사람이 깨뜨렸어요. ← 시도하기 ❶
   家里的钥匙让哥哥找到了。　집 열쇠는 오빠가 찾았어요. ← 시도하기 ❺
   那条鱼叫猫吃光了。　　　　그 생선은 고양이가 먹어치웠어요. ← 시도하기 ❺

3. 서술어 뒤에 반드시 결과를 나타내는 동태조사 '了, 过, 결과보어, 방향보어, 정도보어, 수량보어' 등의 기타성분이 나옵니다.

   他被王老师批评了一顿。　　　그는 왕 선생님한테 한바탕 꾸중을 들었다. (동량보어)
   数码相机被姐姐带出去了。　　디지털카메라는 언니가 가지고 나갔어요. (방향보어)
   那只熊猫被抓住了。　　　　　그 판다는 잡혔어요. (결과보어)

단, 동작의 지속을 나타내는 동태조사 着와 동작의 실현가능성 여부를 표현하는 가능보어는 被字句의 기타성분이 될 수 없습니다.

他被妈妈打着。	그는 엄마에게 맞고 있는 중이다. (×)
他被小狗咬得了。	그는 개에게 물릴 수 있다. (×)

4. 행위자의 신분이 확실하지 않은 경우, 전치사 '被, 叫, 让' 뒤에 人을 써줍니다. 被 뒤의 人은 생략할 수 있지만, 叫와 让 뒤에는 반드시 人을 써주어야 합니다.

他又被骗了。	그 사람 또 속았어요. ← 시도하기 ❷
那本书让(叫)人借走了。	그 책은 누군가가 빌려갔어요.

5. 동작을 할 수 없는 사물이 주어이고, 뒤에 동반되는 동사에 피동의 뜻이 포함되어 있을 때는 피동전치사 被를 쓰지 않는데, 이러한 문장을 '의미상의 피동문'이라 합니다.

水送来了。	물이 배달됐어요.
信已经写好了。	편지는 이미 다 썼어요. ← 시도하기 ❸

6. 부사어는 被 앞에 위치합니다.

我哥哥也被朋友叫出去了。	우리 형도 친구한테 불려 나갔다.
你的衣服没被玲玲穿走。	네 옷 링링이가 입고 가지 않았어. ← 시도하기 ❹

7. 把字句과 被字句는 서로 호환할 수 있습니다.

我把那听可乐喝光了。	내가 그 캔 콜라를 마셔버렸어.
那听可乐被我喝光了。	그 캔 콜라는 내가 마셔버렸어.

3. 검토하기 아~ 이게 이거였구나~!

① 그녀는 아빠한테 혼나서 울었다.

⇨ **她被爸爸骂哭了。**
주어+被+행위자+서술어+기타성분

> 응용표현 그 여자아이는 자기 고모姑姑가 데려갔어요. (接走)
>
> ⇨ _____

② 사전은 친구가 빌려가지 않았다.

⇨ **词典没被朋友借走。**
피동문의 부정형

> 응용표현 지갑은 밍밍이明明가 들고拿 가지 않았어.
>
> ⇨ _____

③ 유리가 깨졌어요.

⇨ **玻璃被打破了。**
被 뒤 목적어 생략 가능

> 응용표현 누가 문을 열었네요.
>
> ⇨ _____

④ 밥이 다 되었어요.

⇨ **饭都做好了。**
의미상의 피동문

> 응용표현 아빠의 구두가 깨끗이干净 닦였다.
>
> ⇨ _____

⑤ 그는 여자 친구한테 또 차였다.

⇨ **他又被女朋友甩了**。
　　　피동문 기타성분 了

응용표현 어려움을 마침내 모두가 극복해냈다.

　⇨ _____

⑥ 밍밍이는 선생님한테 칭찬을 받은 적이 있다.

⇨ **明明被老师表扬过**。
　　　피동문의 기타성분 过

응용표현 그는 어렸을 때 아빠한테 맞은 적이 있다.

　⇨ _____

⑦ 벽에 있던 그림이 바람에 떨어졌다.

⇨ **墙上的画儿让风刮掉了**。
　　　　　　~에게 당하다

응용표현 이 휴대폰을 누가 고장 냈다弄坏.

　⇨ _____

⑧ 커피는 그가 마셨다.

⇨ **咖啡叫他喝了**。
　　　~에게 당하다

응용표현 그는 차에 치였다撞.

　⇨ _____

4. 교정 연습

1 我被收音机醒了。 →
2 已经水送来了。 →
3 他狠狠地被老师批评了一顿。 →
4 那个问题被我们已经解决了。 →

5. 활용하기

다음 단어로 멋진 문장을 만들어볼까요?

1 他 的 不小心 脚 石头 了 被 划破
 → _____

2 这 些 脏 能 干净 衣服 被 吗 洗
 → _____

3 你 可能 的 钱包 被 走 很 偷 了
 → _____

여러분의 작문 실력을 보여주세요~

4 내 자전거는 동생이 被弟弟 타고 나갔어.
 → _____

5 그는 맞은 적이 있다. (被, 过)
 → _____

6 그 책상은 그들이 被他们 1층으로 옮겼어요 搬.
 → _____

7 언니는 방금 친구한테 被朋友 불려 나갔어요 出去.
 → _____

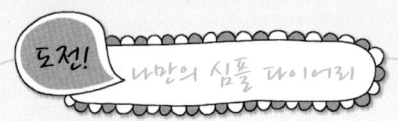

오늘 또 지갑을 소매치기 당했어.
안에 현금이랑 신분증, 은행카드, 각종 적립카드가 들었는데 말야.
올해 들어서 세 번째인 거 있지.
내가 어리바리해 보이나?
집엔 어떻게 갔느냐고? 걸어서.
그나저나 엄마 오시면 사정없이 혼날 텐데.
아이, 어떻게 하면 좋지~

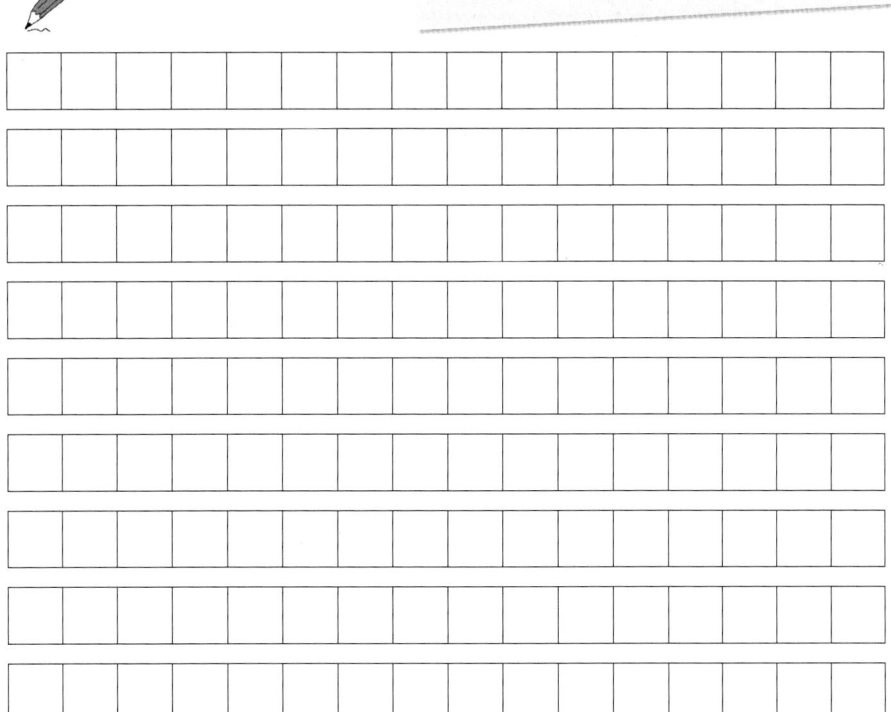

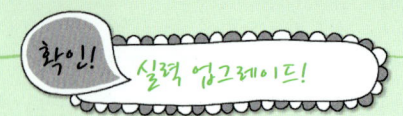

　　今天我的钱包又被偷走了，里面有现金、身份证、银行卡、还有各种积分卡。

，마지막으로 나열된 사물 앞에는 쉼표(逗号)를 써야 한다. 모점(顿号)은 쓸 수 없다.

　　今年已经是第三次了。

　　你说我显得很傻吗？

看起来 상대방의 의견을 묻는 것이므로 看起来를 쓰는 것이 더 적합하다.

　　你问我是怎么回家的？当然走着回去了。

　　等妈妈回来，肯定要被她狠狠骂一顿。

　　哎，这该怎么办呀~

可 '큰일 났다'는 것을 강조하므로 부사 可를 쓰는 것이 더 낫다.

13과 겹쳐 쓰면 뜻이 바뀐다! 중첩 형태

중국어에서 몇몇 품사는 중첩해서 쓰여 어감이 변화하거나 새로운 뜻을 갖게 됩니다. 동사를 중첩해서 쓰면 어감이 완곡해지거나 '한번 해보다'라는 뜻으로 바뀝니다. 반대로 형용사를 중첩하면 뜻이 강조되지요. 명사나 양사를 중첩하게 되면 '모든'이라는 뜻을 갖게 되고, 그 밖에 수량사를 중첩하면 '순서대로'라는 뜻이 생깁니다.

1. 시도하기 몸풀기 작문 연습! 시~작!

① 너 맞혀봐, 쟤가 누구게? (동사 중첩)

① 맞혀보다 猜猜 cāicai
누구 谁 shuí

② 그는 키가 크고, 말랐어요. (형용사 중첩)

② 키가 크다 高高 gāogāo
마르다 瘦瘦 shòushòu

③ 최근에 그는 매 끼 중국 음식을 먹어요. (동량사 중첩)

③ 최근 最近 zuìjìn
매 끼 顿顿 dùndùn
중국 음식 中餐 Zhōngcān

④ 설 전야에는 집집마다 온 가족이 함께 식사하죠. (명사 중첩)

④ 설 전야 除夕 Chúxī
집집마다 家家 jiājiā
온 가족이 같이 먹는 식사
团圆饭 tuányuánfàn

⑤ 우리 할아버지 할머니께서는 날마다 산책을 가신다. (양사 중첩)

⑤ 할아버지 爷爷 yéye
할머니 奶奶 nǎinai
날마다 天天 tiāntiān

⑥ 서두르지 말고, 한 사람 한 사람씩 와요. (수량사 중첩)

⑥ 서두르다 急 jí
한 사람 한 사람씩
一个一个地 yí ge yí ge de

2. 발견하기 *중국어 어법의 세계로~!*

1 중첩 형태 맛보기

1. 동사 중첩

你先想一想再决定吧。　　　　너 먼저 생각을 좀 해보고 결정해.
↖ 단음절 동사 중첩

这个问题我得考虑考虑。　　　이 문제에 대해서 좀 더 생각해봐야겠어.
↖ 이음절 동사 중첩

2. 형용사 중첩

她有一双大大的眼睛。　　　　그녀는 커다란 눈을 가지고 있어요.
↖ 단음절 형용사 중첩

我真想舒舒服服地睡一觉。　　난 정말이지 편안하게 한숨 자고 싶어.
↖ 이음절 형용사 중첩

3. 명사 중첩

他天天游泳。　　　　　　　　그는 매일 수영을 해요.
↖ 매일

4. 양사 중첩

我们班的同学个个都很优秀。　우리 반 친구들은 하나같이 다 뛰어나요.
↖ 명량사 중첩

我回回去他家，他都不在。　　내가 매번 걔네 집에 갈 때마다, 걔가 없었어.
↖ 동량사 중첩

5. 수량사 중첩

我一次又一次地麻烦你，真不好意思。　제가 번번이 폐를 끼쳐, 정말 죄송해요.
↖ 수사一＋양사次

2 중첩 형태 주의사항

1. 동사를 중첩하면 완곡한 어감으로 변하고, '시도해보다'라는 뜻이 됩니다. 이합동사를 중첩할 경우에는 동사 부분만 중첩합니다.

   你猜猜, 他是谁? 너 맞혀봐, 쟤가 누구게? ← 시도하기 ❶
   爸爸, 您去休息休息吧! 아빠, 가서 좀 쉬세요!
   星期天我喜欢去散散步, 游游泳。 일요일에 나는 산책 좀 하고, 수영 좀 하는 걸 좋아해.

2. 동사 중첩형에 수사 一를 쓸 때는, '동사+一+동사' 형식으로 씁니다. 단, 이음절 동사의 중첩형에는 수사 一가 들어가지 않습니다. 동사의 중첩형에 동태조사 了를 쓸 때는 '동사+了+동사' 형식으로 씁니다.

   우린 연구 좀 해보아야 해요. 我们得研究研究。(○)　我们得研究一研究。(×)
   他想了想, 还是不同意我去。 그는 생각을 해보고도 여전히 내가 가는 것에 동의하지 않았다.
   昨天晚上我打扫了打扫房间。 어젯밤에 나는 방 청소를 좀 했다.

3. 형용사 중첩형이 서술어로 쓰일 때는 반드시 的를 동반합니다.

   他高高的、瘦瘦的。 그는 키가 크고, 말랐어요. ← 시도하기 ❷
   外面黑糊糊的, 什么都看不见。 밖이 어두컴컴해서 아무것도 보이지 않아요.

4. 명사와 양사를 중첩하면 每의 뜻을 나타내게 됩니다.

   除夕家家都吃团圆饭。 설 전야에는 집집마다 온 가족이 함께 식사하죠. ← 시도하기 ❹
   我爷爷、奶奶天天去散步。 우리 할아버지 할머니께서는 날마다 산책을 가신다. ← 시도하기 ❺
   最近他顿顿吃中餐。 최근에 그는 매 끼 중국 음식을 먹어요. ← 시도하기 ❸

5. 수량사의 중첩형은 '하나하나씩' 또는 '순서대로'라는 뜻을 가집니다. 이 때 두 번째 一는 생략할 수 있습니다.

   别急, 你们一个一个地来吧。 서두르지 말고, 한 사람 한 사람씩 와요. ← 시도하기 ❻
   他一次次跌倒, 一次次爬起来。 그는 넘어질 때마다, 다시 일어났다.

3. 검토하기 아~ 이게 이거였구나~!

① 배의 맛을 알고 싶다면, 직접 먹어봐야죠.

⇨ 要想知道梨子的滋味，就得亲口尝一尝。
　　　　　　　　　　　　　　단음절 동사 중첩

　응용표현 너 어서 이 노래 좀 들어봐听.

　⇨ _____

② 오늘 오후에 나는 수영을 좀 하러 가려고.

⇨ 今天下午我想去游游泳。
　　　　　　　　이합동사 중첩

　응용표현 나는 호숫가에 가서 산책하는散步 걸 좋아해.

　⇨ _____

③ 이 아이들은 두꺼운 코트를 입고 있다.

⇨ 这些小孩穿着厚厚的大衣。
　　　　　　단음절 형용사 중첩

　응용표현 그는 내 손을 꼭紧 잡고握 있다.

　⇨ _____

④ 즐겁게 출근하고, 무사히 귀가하세!

⇨ 高高兴兴上班去，平平安安回家来!
　　　　　이음절 형용사 중첩

　응용표현 그녀는 옷을 깨끗하게干净 빨았다.

　⇨ _____

⑤ 그는 모든 일을 직접 하려고 해서, 한 번도 다른 사람에게 부탁한 적이 없다.

⇒ **他事事都要自己做，从来不求别人。**
　　　명사 중첩

> **응용표현** 이곳에서는 사람人들이 다 낚시钓鱼를 좋아한다.
>
> ⇒ _____

⑥ 이 가게의 옷은, 하나같이 다 예쁘다.

⇒ **这个商店的衣服，件件都好看。**
　　　　　　　　　명량사 중첩

> **응용표현** 요즘 아이들은 하나같이 다 똑똑하다니까요.
>
> ⇒ _____

⑦ 그는 매 시험마다 다 반에서 1등이다.

⇒ **他考试回回都全班第一名。**
　　　　동량사 중첩

> **응용표현** 끼니顿마다 볶음밥을 먹어서, 난 이제 질렸어요吃腻.
>
> ⇒ _____

⑧ 내가 보니까 네가 하루가 다르게 철이 드는 것 같구나.

⇒ **我觉得你一天比一天懂事。**
　　　　　　　수량사 중첩

> **응용표현** 대학원 시험 응시자 수가 해가 갈수록 一年比一年 많아진다.
>
> ⇒ _____

13과 겹쳐 쓰면 뜻이 바뀐다! **중첩 형태**　121

4. 교정 연습 앗! 나의 실수~

1 麻烦你帮忙帮。 →
2 她的房间打扫得干干净净极了。 →
3 保护环境，每人人有责。 →
4 他天一天锻炼，所以身体很棒。 →

5. 활용하기 나의 작문 실력 뽐내기

○ 다음 단어로 멋진 문장을 만들어볼까요?

1 你 件 哪 喜欢 一 就 看 吧 试试
   → _____

2 你 我 老老实实 跟 吧 地 说
   → _____

3 大道 罗马 条条 通
   → _____

○ 여러분의 작문 실력을 보여주세요~

4 쑨 사장님孙总, 저희들이 사장님과 상의 좀 하고商量商量 싶은 게 있는데요.
   → _____

5 그는 아무 말도 없이, 여전히 바보처럼傻傻地 웃고만 있다.
   → _____

6 네가 매일매일 좋은 기분이었으면拥有一份好心情 좋겠어祝.
   → _____

7 그녀는 능력이 뛰어나서, 안팎으로里里外外 모두 일처리를 잘한다一把好手.
   → _____

도전! 나만의 심플 다이어리

바람이 살랑살랑 내 볼을 스치는 것이,
가을이 오나 보다.
오후의 햇살도 참으로 온화하고.
몇 년 동안 일이 너무 바빠서 가을 여행을 한 번도 못 갔네.
올 가을엔 꼭 단풍 구경을 가고 말겠어.
그리고 예쁜 단풍잎으로 책갈피를 만들 거야.

다음 단어들을 이용하여 일기를 써보세요!
살랑살랑 轻轻 qīngqīng | 볼 脸颊 liǎnjiá |
스치다 抚摸 fǔmō | 햇살 阳光 yángguāng |
온화하다 暖和 nuǎnhuo | 단풍 红叶 hóngyè |
책갈피 书签 shūqiān

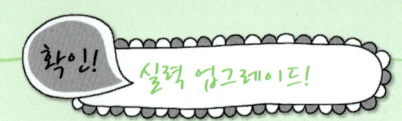

　　风轻轻地抚摸着我的脸颊，快秋天了，下午的阳光照得特别暖和。

> 暖暖地照在我身上

　　这几年忙得我没有时间去秋游了。

> 都　都는 '심지어'의 뜻으로 쓰여 푸념하는 느낌을 강조한다.

　　今年秋天一定要去看红叶。

　　还有，我要用红叶做书签。

> 一片片的　생동감 있는 표현을 위해, 단풍의 양사를 중첩해준다.

14과 구체적으로 보충 설명(1)
정도보어와 결과보어

"그 사람 노래를 참 잘 불러." "박지성 선수는 축구를 정말 잘해."
이렇게 동작의 수준이 어느 정도에 이르는지 나타내는 것이 바로 '정도보어'입니다. 정도보어로 표현할 때는 서술어 뒤에 구조조사 得를 씁니다. 때로는 得를 동반하지 않고도 정도보어를 표현할 수 있습니다.
"영화 표 예매 끝났어." "밥 다 먹었어."
이렇게 동작의 결과가 어떻게 나타났는지 표현해줄 때는 서술어 뒤에 결과보어를 붙여줍니다. 결과보어로는 동사와 형용사가 쓰입니다.

1. 시도하기 — 몸풀기 작문 연습! 시~작!

① 그는 일어를 아주 유창하게 잘한다.

①일어를 하는 정도가 ~하다
日语说得…
Rìyǔ shuō de…

② 나는 수영을 빨리 못 해요.

②수영하는 것이 ~하다
游泳游得…
yóu yǒng yóu de…

③ 너 글씨 쓰는 게 어때?

③글씨 쓰는 것이 ~하다
字写得… zì xiě de…

④ 난 이 책을 다 봤어.

④다 보다 看完 kànwán

⑤ 그는 아직 숙제를 다 못했어.

⑤다 하다 做完 zuòwán
숙제 作业 zuòyè

⑥ 자네 일자리는 구했나?

⑥구하다 找到 zhǎodào
일자리, 직업
工作 gōngzuò

2. 발견하기 *중국어 어법의 세계로~!*

1 정도보어와 결과보어 맛보기

 1. 정도보어

동작을 통해 나타난 결과가 어느 정도에 이르는지를 보충 설명해주는 보어가 정도보어입니다. 정도보어는 '동사/형용사+구조조사 得+정도보어' 형식으로 쓰입니다. 때론 得 없이 쓰기도 합니다. 정도보어에서 가장 주의할 점은 得가 반드시 서술어(동사/형용사) 뒤에 위치한다는 것이지요.

他说得非常流利。 그는 말을 아주 유창하게 합니다.
↖ 동사+得+정도보어

他游泳游得很快。 그는 수영을 빨리 합니다.
↖ 동사+목적어+동사+得+정도보어

他字写得特别好。 그는 글씨를 아주 잘 씁니다.
↖ 목적어+동사+得+정도보어

2. 결과보어

결과보어는 동작이 진행된 결과가 어떤 식으로 나타났는지를 보충 설명합니다. 결과보어로는 동사와 형용사가 쓰입니다.

我已经找到他了。 난 벌써 그 애를 찾았어요.
↖ 동사 결과보어

她把衣服洗干净了。 그녀는 옷을 깨끗하게 빨았어요.
↖ 형용사 결과보어

2 정도보어와 결과보어 주의사항

1. 정도보어를 쓰는 문장에서 조사 得는 언제나 서술어(동사/형용사) 뒤에만 위치합니다.

他日语说得非常流利。 그는 일어를 아주 유창하게 한다. ← 시도하기 ❶
我妹妹唱歌唱得很好。 내 여동생은 노래를 잘한다.

2. 조사 得 없이, 서술어(동사/형용사) 뒤에 바로 '极了, 透了, 死了'를 써서 정도가 아주 심함을 표현할 수 있습니다. 때로는 부사 很이 정도보어 역할을 하기도 합니다.

　　这里的风景美极了。　　　　　이곳의 풍경은 정말 아름다워요.
　　最近我忙得很。　　　　　　　요즘 제가 엄청나게 바빠요.

3. 정도보어 부정문은 조사 得 뒷부분을 부정합니다. 의문문은 정도보어 부분을 묻는 형식으로 씁니다.

　　我游泳游得不快。　　　　　　나는 수영을 빨리 못 해요. ← 시도하기 ②
　　你字写得怎么样？　　　　　　너 글씨 쓰는 게 어때? ← 시도하기 ③

4. 결과보어로는 동사와 형용사가 쓰입니다.

　　我已经记住了。　　　　　　　난 이미 외웠어요.
　　对不起，我来晚了。　　　　　죄송해요, 제가 늦게 왔네요.

5. 결과보어는 서술어 바로 뒤에 위치합니다.

　　我看完这本书了。　　　　　　난 이 책을 다 봤어. ← 시도하기 ④

6. 결과보어가 쓰인 문장은 동작의 완성과 실현을 나타내기 때문에, 결과보어 뒤에 了를 많이 씁니다. 过를 쓰기도 하지만, 着는 쓰지 않습니다.

　　我听见小金的声音了。　　　　나 김 군의 목소리를 들었어.

7. 결과보어 부정문은 부정부사 没(有)를 쓰거나 '还没(有)…呢' 형식을 씁니다.

　　他还没做完作业。　　　　　　그는 아직 숙제를 다 못했어. ← 시도하기 ⑤
　　他还没吃完饭呢。　　　　　　그는 아직 밥을 다 못 먹었어.

8. 결과보어를 쓰는 문장의 의문문은 의문조사 吗를 쓰거나 '…了没有' 형식을 씁니다.

　　他跟你解释清楚了吗？　　　　그 사람 너한테 제대로 설명해줬어?
　　你找到工作了没有？　　　　　자네 일자리는 구했나? ← 시도하기 ⑥

3. 검토하기 아~ 이게 이거였구나~!

① 오늘 저는 너무 기뻐요.

⇨ **今天我高兴极了。**
구조조사 得 없이 정도보어 쓰기

응용표현 아유, 화나 죽겠네! (정도보어 死了)

⇨ _____

② 그 애가 대답을 틀리게 했어요.

⇨ **他回答得不对。**
정도보어 부정형

응용표현 내 동생은 빨리快 못 달려요跑.

⇨ _____

③ 그는 일찍 오나요, 아닌가요?

⇨ **他来得早不早？**
정반의문문

응용표현 그 사람 농구 잘 해, 못 해? (打, 好)

⇨ _____

④ 우리 아들은 밥을 아주 적게 먹어요.

⇨ **我儿子吃饭吃得很少。**
이합동사+정도보어

응용표현 그녀는 춤을 정말 잘棒 추지요. (이합동사 跳舞)

⇨ _____

⑤ 죄송합니다, 제가 30분 늦었습니다.

⇨ 对不起，我来晚了半个小时。
　　　　　　형용사 결과보어

　　응용표현 아가씨, 전화 잘못错 걸었어요, 저희 집엔 송宋 씨가 없어요.

　　⇨ _____

⑥ 너 이 자료들을 김 선생님께 드려.

⇨ 你把这些资料交给金老师吧。
　　把字句을 써야 하는 결과보어

　　응용표현 너 꽃병을 협탁茶几 위에 올려놔.

　　⇨ _____

⑦ 그는 길을 걷다가, 잘못해서 넘어졌어요.

⇨ 他走路的时候，不小心摔倒了。
　　　　　　　　　　　　동사+결과보어

　　응용표현 누가 내 책을 가져갔을까?

　　⇨ _____

⑧ 나는 아직까지 오늘 숙제를 다 못했어요.

⇨ 我还没做完今天的作业呢。
　　결과보어 부정형

　　응용표현 오늘 나 이 군小李을 못 봤어요. (결과보어 见 부정)

　　⇨ _____

4. 교정 연습 앗! 나의 실수~

1 他跑步得很快。 →
2 最近他很忙得。 →
3 星期天我吃早饭就去你那儿。 →
4 我昨天晚上没睡完。 →

5. 활용하기 나의 작문 실력 뽐내기

○ 다음 단어로 멋진 문장을 만들어볼까요?

1 他 今天 平时 都 早 来 得 很 例外

　→ _____

2 今天 我 朋友 给 的 特产 上午 这儿 了 寄去

　→ _____

3 没 如果 考上 去 大学 工作 我 那 找

　→ _____

○ 여러분의 작문 실력을 보여주세요~

4 일事情이 아직 다 해결된 게 아니에요. (还没…呢)

　→ _____

5 나 오늘 기분心情이 너무 좋아好极了.

　→ _____

6 난 오랫동안好久 그녀를 못 만났다.

　→ _____

7 그 사람 힘들게好不容易 잠들었으니까, 너 가서 건드리지打扰 마라.

　→ _____

오늘 요리 엄청나게 맛있었어.
이렇게 맛있는 요리는 여태껏 먹어본 적이 없다니까. 하하~
다음에 또 만들어준다고? 정말?
그럼 약속한 거다!
근데, 네가 만든 요리를
매일매일 먹을 수 있게 해주면 안 될까?

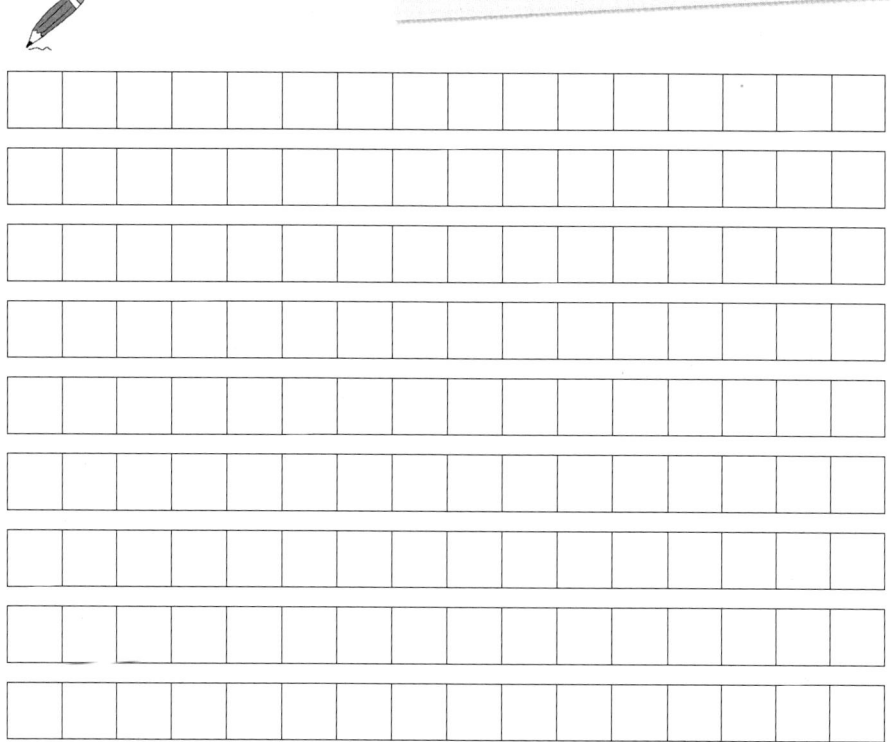

다음 단어들을 이용하여 일기를 써보세요!

한 번도 ~한 적 없다 从来没…过 cónglái méi…guo
다음에 下次 xiàcì | 약속하다 说好 shuōhǎo
~로 하여금 ~하게 하다 让 ràng

확인! 실력 업그레이드!

今天你做的菜好吃极了。

我从来没吃过这么好吃的菜。哈

哈~

下次你要再给我做呀？真的吗？

↳ 你说下次还

还, 再 모두 '중복과 계속'의 뜻을 나타내지만, 还는 어떤 생각을 이미 갖고 있을 때 쓰고, 再는 순간적으로 결정했을 때 쓴다.

那我们就这样说好了！

要不，你能不能让我天天吃到你

앞에 복수를 뜻하는 단어가 출현 都
하면 都를 함께 써준다.

做的菜呢？

15과 구체적으로 보충 설명(2)
방향보어와 시간보어

"새가 날아왔어요." "위로 올라가보세요."

이렇게 동작이 움직이는 방향을 표현해주는 보어를 '방향보어'라고 합니다. 단순방향보어에는 '来, 去'가 있고, 동작의 방향을 구체적으로 표시해주는 '복합방향보어'도 있답니다.

'그 사람이 널 한 시간째 기다리고 있거든'처럼 어떤 동작을 하는 데 걸린 시간을 표현할 때 쓰는 보어는 '시간보어'입니다. 시간보어를 쓸 때는 인칭대명사의 위치에 특히 주의해야 합니다.

1. 시도하기 — 몸풀기 작문 연습! 시~작!

① 너 빨리 내려와.

① 내려오다 下来 xiàlai

② 그는 천천히 걸어왔다.

② 천천히 慢慢地 mànmān de
걸어가다 走过去 zǒu guòqu

③ 밍밍이 明明 는 웃으면서 방으로 달려 들어갔다.

③ 웃으면서 笑着 xiàozhe
달리다 跑 pǎo
들어가다 进去 jìnqu

④ 나는 중국어를 일 년 동안 배웠어.

④ 일 년 一年 yì nián

⑤ 나는 차를 30분째 기다리고 있어요.

⑤ 기다리다 等 děng
30분 半个小时 bàn ge xiǎoshí

⑥ 그들은 결혼한 지 일 년이 되어 가요.

⑥ 결혼하다 结婚 jié hūn
곧 ~하게 되다
快…了 kuài…le

2. 발견하기 *중국어 어법의 세계로~!*

1 방향보어, 시간보어 맛보기

1. 방향보어

방향보어는 동작이 향하는 방향을 보충 설명하는 보어를 말합니다. 단순방향보어에는 来와 去가 있고, 동작의 방향을 좀 더 구체적으로 표현할 때는 복합방향보어를 씁니다. 때로는 방향동사가 방향보어 역할을 하는 경우도 있지요. 방향보어에서는 장소목적어의 위치에 조심해야 합니다.

我爸爸回来了。　　　　　　　　우리 아버지가 돌아오셨다.
　↖ 단순방향보어

他慢慢地走过去了。　　　　　　그는 천천히 걸어갔다.
　　↖ 복합방향보어

他买回一些书。　　　　　　　　그는 책을 좀 사왔다.
　↖ 방향동사의 방향보어 역할

2. 시간보어

시간보어는 어떤 동작을 일정 시간 동안 행했다는 것을 표현해주는 보어입니다. 인칭대명사 목적어의 위치와 비지속동사의 활용법에 주의해야 합니다.

他学了三年汉语。　　　　　　　그는 중국어를 삼 년 동안 배웠다.
　↖ 완료된 동작

她看书看了三个小时了。　　　　그녀는 세 시간째 책을 보고 있어요.
　　　↖ 현재까지 지속되는 동작

2 방향보어, 시간보어 주의사항

1. 단순방향보어에는 来와 去가 있습니다.

你快下来吧。　　　　　　너 빨리 내려와. ← 시도하기 ❶

外边很冷，你快进去吧。　밖이 춥구나, 얼른 들어가라.

2. 복합방향보어는 동작의 방향을 구체적으로 표현할 때 씁니다.

　　他慢慢地走过来。　　　　그는 천천히 걸어왔다. ← 시도하기 ❷

　　她从朋友那儿借回来一本书。　그녀는 친구한테서 책을 한 권 빌려왔다.

3. 방향동사가 방향보어로 쓰이는 경우도 있습니다. 방향보어를 쓰는 문장에 '장소목적어'가 나올 경우, 항상 방향보어 来와 去 앞에 위치합니다.

　　他气得走出办公室。　　　그는 화가 나서 사무실을 나갔다.

　　明明跑上楼了。　　　　　밍밍이가 위층으로 뛰어 올라왔다.

　　明明笑着跑进屋去了。　　밍밍이는 웃으면서 방으로 달려 들어갔다. ← 시도하기 ❸

4. '얼마만큼의 시간 동안 어떤 동작을 했다'라고 표현할 때, '서술어+了+시간(的)+목적어' 형식으로 시간보어를 표현합니다.

　　我学了一年汉语。　　　　나는 중국어를 일 년 동안 배웠어. ← 시도하기 ❹

　　他开了五年(的)车。　　　그는 차를 오 년 동안 운전했다.

5. 과거부터 해오던 동작을 지금까지도 계속할 때는 문장 끝에 了를 써서 표현합니다. 동사 뒤에 목적어가 나올 때, 동사를 한 번 더 쓰고 了를 붙입니다. 습관적인 동작을 표현할 때는 了를 쓰지 않습니다.

　　我等车等了半个小时了。　나는 차를 30분째 기다리고 있어. ← 시도하기 ❺

　　我爸爸每天睡四个小时。　우리 아빠는 매일 네 시간만 주무신다.

6. 시간보어를 쓰는 문장에 비지속동사가 나오면, 다음과 같은 형식으로 써줍니다.

　　他死了一年了。　　　　　그가 죽은 지 일 년 되었어요. (단음절 비지속동사+了)

　　我来这儿一个月了。　　　나 여기에 온 지 한 달 되었어요. (비지속동사+목적어)

　　他们结婚快一年了。　　　그들은 결혼한 지 일 년이 되어가요. (이음절 비지속동사) ← 시도하기 ❻

7. 시간보어를 쓰는 문장에 인칭대명사 목적어가 나올 때는 언제나 시간보어 앞에 위치합니다.

　　小金等了你一个小时了。　김 군이 너를 한 시간째 기다리고 있어.

8. 시간보어를 가진 동사 앞에 부정부사를 쓰게 되면 동작을 부정하는 것이 아니라 시간의 양을 부정하는 것입니다.

　　他们没认识几天。　　　　그들은 안 지 며칠 되지 않았다.

3. 검토하기 아~ 이게 이거였구나~!

① 애, 밍밍이 明明 가 내려왔어!

➡ 你看！明明下来了！
　　　단순방향보어 来, 去

　응용표현 너희들 빨리 들어가라.

　➡ _____

② 난 집에 가서 좀 쉬고 싶어요.

➡ 我想回家去休息一会儿。
　　동사+장소목적어+방향보어

　응용표현 그는 자주 중국에 갑니다. (동사 到)

　➡ _____

③ 만약에 너희들이 동의한다면, 손을 들어줘.

➡ 要是你们同意，就举起手来吧。
　　　　　　　　이합동사+복합방향보어 起来

　응용표현 우리가 막 출발해서 얼마 안 되었을 때, 비가 내리기 시작했어.

　➡ _____

④ 하고 싶은 말이 있으면, 우리들이 들어줄 테니 얘기해봐.

➡ 你想说什么，就说出来给大家听听。
　　　　　　　　복합방향보어 出来

　응용표현 너무 잘 됐다. 밍밍이 너 마침내 깨어났구나 醒过来.

　➡ _____

136 맛있는 중국어 **작문 2**

⑤ 나는 학교 앞에서 그를 두 시간째 기다리고 있어.

➯ 我在学校门口等了他两个小时了。
　　　동사+인칭대명사 목적어+시간보어

　　응용표현 우리가 너 한참半天 찾았는데, 너 어디 갔었니?

　　➯ _____

⑥ 그가 중국에 간 지 일 년이 되어가네요.

➯ 他去中国快一年了。
　　　임박태와 시간보어

　　응용표현 제가 여기서 일한 지 삼 년이 되어가네요. (임박태 快…了)

　　➯ _____

⑦ 매일 밤 나는 영어책을 한 시간씩 봐요.

➯ 每天晚上我都看一个小时英文书。
　　　습관적 동작+시간보어

　　응용표현 매일 나는 글을 두 시간两个小时씩 써요.

　　➯ _____

⑧ 나는 일 년째 이곳에 살고 있어요.

➯ 我在这儿住了一年了。
　　　현재까지 지속

　　응용표현 우리는 중국어를 이 년째 배우고 있어.

　　➯ _____

4. 교정 연습 〈앗! 나의 실수~〉

1 你在大厅里等我，我马上就上来。 →
2 明明不在，他回去国了。 →
3 我去书店看了书一个钟头。 →
4 我等你了一年了。 →

5. 활용하기 〈나의 작문 실력 뽐내기〉

◌ 다음 단어로 멋진 문장을 만들어볼까요?

1 我　从　出来　朋友　走　里　了　商店
  → _____

2 他　宿舍　进　了　去　跑
  → _____

3 他们　这　公司　个　三年　工作　快　了　在
  → _____

◌ 여러분의 작문 실력을 보여주세요~

4 밖이 外边 춥네요, 우리 실내로 屋里 들어가죠.
  → _____

5 내가 집에 막 刚 도착했을 때, 비가 내리기 시작했다.
  → _____

6 그는 이틀 两天이나 잠도 못 자고 먹지도 못했어요.
  → _____

7 난 미국에서 삼 년 동안 살았어요 住过.
  → _____

오늘 나는 친구들과 바다에 갔어.
바다 보러간 지 오래 됐거든.
너무나 다정한 모래밭과 파도 소리~
갈매기가 왔다갔다 날아다니는 것이,
꼭 우리에게 인사하는 것 같더라고.
우리는 그곳에서 오후를 보내고는,
아쉬운 마음으로 서울로 돌아왔답다.

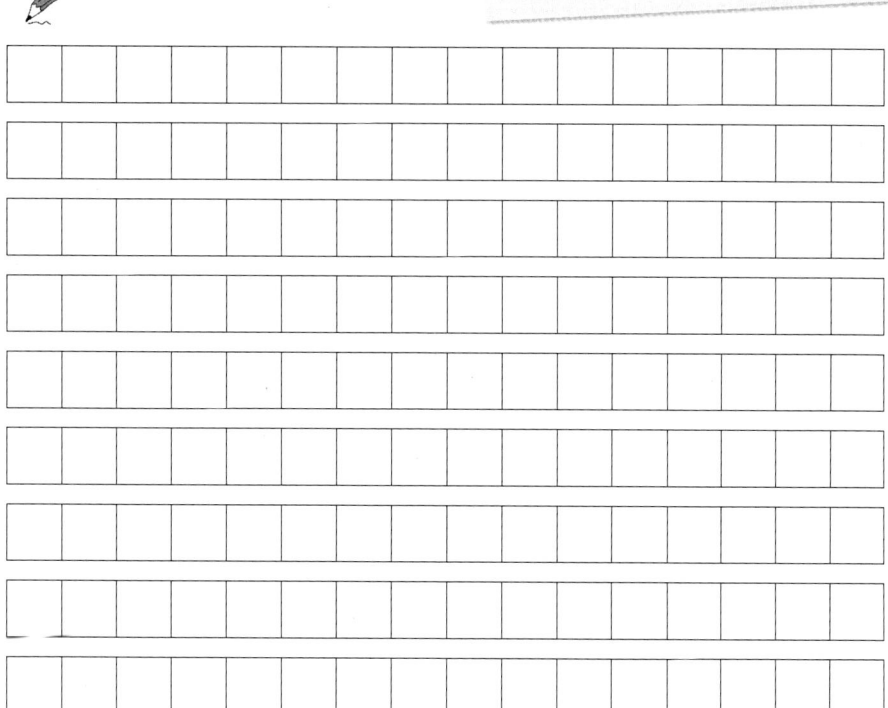

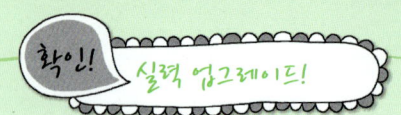

今天我和朋友们一起去看了大海。

好长时间不去看大海。
→ 没 바다에 작정하고 안 간 것이 아니라 가지 못했다는 뜻이므로, '没…了'가 표현하려는 의미에 부합한다.

多么亲切的沙滩和波浪声~

海鸥一会儿飞过来，一会儿飞过去，好像给我们问候。
→ 向 안부를 물을 때는 전치사 向을 써야 한다.

我们在那儿玩了下午，带着舍不得的心情回到了首尔。
→ 一 '오후 내내 거기에 있었다'라는 시간보어 표현이므로 一下午를 써준다.

16과 구체적으로 보충 설명(3) 가능보어와 동량보어

'내일 올 수 있어요', '이 정도는 다 먹을 수 있어요'처럼 아직 일어나지 않은 일에 대해 '할 수 있다, 할 수 없다'라는 가능성을 제시할 때 '가능보어(可能补语)'를 씁니다. 가능보어는 단순히 가능성에 대해서만 예측할 뿐 그 동작을 실현할 수 있는 능력과는 상관이 없습니다. 그래서 그렇게 할 수 있는 '능력이 된다'라고 할 때는 조동사 能이나 可以를 써줍니다.

또 '중국에 한 번 갔었어', '우리 같이 밥 한 끼 먹자'와 같이 동량사가 보어로 쓰일 때도 있습니다. 이런 보어는 '동량보어(动量补语)'라고 합니다.

1. 시도하기 몸풀기 작문 연습! 시~작!

① 이 책은 그리 어렵지 않아서, 우리는 다 이해할 수 있어.

② 내 자전거를 잃어버렸는데, 아마도 못 찾을 것 같아.

③ 이 물건들을 너 혼자서 들 수 있겠어?

④ 나는 상하이에 두 번 가봤어.

⑤ 밍밍이明明는 선생님한테 한차례 꾸중을 들었다.

⑥ 오늘 오전에 비가 한바탕 내렸다.

① 어렵다 难 nán
이해할 수 있다
看得懂 kàn de dǒng

② 아마도 可能 kěnéng
찾을 수 없다
找不到 zhǎo bu dào

③ 혼자서 一个人 yí ge rén
들 수 있다
拿得动 ná de dòng

④ ~번, ~차례 次 cì
상하이 上海 Shànghǎi

⑤ 한차례 一顿 yí dùn
꾸중하다 批评 pīpíng

⑥ 한바탕 一阵 yízhèn

2. 발견하기

1 가능보어, 동량보어 맛보기

기본 형식

1. 가능보어

가능보어는 아직 일어나지 않은 일에 대해 가능한지 여부를 예측하는 보어입니다. 가능보어 구조는 '동사/형용사+(得/不)+가능보어' 형식으로 이루어집니다. 가능보어는 단순히 가능성에 대해서만 이야기하므로, 동작을 실제로 실현할 수 있는 능력과는 상관이 없습니다.

我听得懂上海话。　　　나는 상하이 말을 알아들을 수 있어요.
↖ 가능보어 긍정형

今天晚上我回不来。　　오늘 밤에 난 돌아올 수 없어요.
↖ 가능보어 부정형

2. 동량보어

어떤 동작의 횟수를 말할 때 동량보어를 씁니다. 동량보어는 넓은 의미에서 수량보어의 한 종류이며, 동량사가 동량보어 역할을 합니다. 동량보어를 쓰는 문장에서는 인칭대명사 목적어의 위치에 주의해야 합니다.

我爸爸去过两次上海。　　우리 아빠는 상하이에 두 번 가셨다.
↖ 동량보어+일반목적어

我见过他好几次。　　　　나는 그를 여러 번 만난 적 있다.
↖ 인칭대명사 목적어+동량보어

2 가능보어와 동량보어 주의사항

1. 가능보어는 '동사/형용사+(得/不)+가능보어' 형식으로 이루어집니다.

这本书不太难，我们都看得懂。　　이 책은 그리 어렵지 않아서, 우리는 다 이해할 수 있어.
← 시도하기 ①

我的自行车丢了，可能找不到了。　내 자전거를 잃어버렸는데, 아마도 못 찾을 것 같아.
← 시도하기 ②

2. 결과보어와 방향보어가 가능보어의 역할을 수행합니다.

    我记不住这个号码。　　　　　　나는 이 번호를 외우지 못해요.
    要是不堵车，我就回得来。　　　만약에 차가 안 막히면, 제가 돌아올 수 있어요.

3. 어떤 능력이 된다는 것을 표현할 때는 가능보어의 긍정형 앞에 조동사 '能, 可以'를 써줍니다.

    这些东西你一个人能拿得动吗？　　이 물건들을 너 혼자서 들 수 있겠어? ← 시도하기 ❸
    凌晨四点半，你可以起得来吗？　　새벽 네 시 반에, 너는 일어날 수 있어?

4. 가능보어 문장의 정반의문문은 가능보어의 긍정형과 부정형을 병렬합니다.

    这些菜你们吃得完吃不完？　　이 음식들을 너희들은 다 먹을 수 있어, 없어?
    今天晚上你们回得来回不来？　오늘 밤에 너희들 돌아올 수 있어, 없어?

5. 동작의 횟수를 나타낼 때는 동량보어를 씁니다.

    明明被老师批评了一顿。　　밍밍이는 선생님한테 한차례 꾸중을 들었다. ← 시도하기 ❺
    今天上午下了一阵雨。　　　오늘 오전에 비가 한바탕 내렸다. ← 시도하기 ❻

6. 동량보어를 쓰는 문장에서 장소, 인명, 인칭 목적어는 보어의 앞, 뒤에 위치합니다.

    我去过两次上海。 / 我去过上海两次。　　나는 상하이에 두 번 가봤어. ← 시도하기 ❹

7. 동량보어를 쓰는 문장에 인칭대명사 목적어가 올 때는 항상 보어 앞에 위치합니다.

    他问了我好几遍。　　그는 나에게 여러 번 물었어.
    我以前见过他几次。　나는 전에 그 사람을 몇 번 만났어.

8. 동량보어를 쓰는 문장에서 일반 명사 목적어는 보어 뒤에 위치합니다.

    他看了一遍这本书。　　그는 이 책을 한 번 봤어.

3. 검토하기   아~ 이게 이거였구나~!

① 난 최근 들어 밤마다 계속 잠을 잘 수가 없다.

⇨ **我最近晚上老睡不着觉。**
   이합동사+가능보어

> **응용표현** 정전停电이 되어서, 수업을上课 못하게 됐어.

⇨ _____

② 내일 오후에 저 올 수 있어요.

⇨ **明天下午我能来得了。**
   조동사+가능보어 : 능력 강조

> **응용표현** 이 음식들은 우리 둘이서 다 먹을吃 수 있어요可以

⇨ _____

③ 일곱 시에 영화가 있는데, 지금 가면 될까, 안 될까?

⇨ **七点钟有电影，现在去来得及来不及？**
   가능보어 정반의문문

> **응용표현** 이렇게 높은 산에 넌 올라갈爬 수 있어, 없어? (가능보어 정반의문문)

⇨ _____

④ 교실에는 서른 명이 못 들어가요.

⇨ **教室里坐不下三十个人。**
   가능보어 부정형

> **응용표현** 난 지금 집과 자동차를 살 수 없어买不起

⇨ _____

⑤ 그는 가볍게 내 어깨를 한 번 쳤다.

➪ **他轻轻地拍了一下我的肩膀。**
　　　동사+동량보어+일반목적어

　응용표현 일본 팀은 이미 두 번场의 경기에서 졌다输.

　➪ _____

⑥ 밍밍이는 한국에 세 번 와봤다.

➪ **明明来过三次韩国。**
　　　동사+동량보어+장소목적어

　응용표현 저는 귀사를 한번一下 둘러보고参观 싶습니다.

　➪ _____

⑦ 그는 아주 화난 표정으로 나를 한 번 보았다.

➪ **他非常生气地看了我一眼。**
　　　동사+대명사 목적어+동량보어

　응용표현 그 사람 전에曾经 그녀를 속인骗 적이 한 번次 있어요.

　➪ _____

⑧ 내 여동생은 나보다 두 살이 어려요.

➪ **我妹妹比我小两岁。**
　　　비교 수량보어

　응용표현 내 여동생은 나보다 3kg이 더 나간다重.

　➪ _____

4. 교정 연습 앗! 나의 실수~

1 这座山我爬上得去。　　→
2 这本书我一个星期能看不完。　→
3 我把资料忘在公司了，我得回公司遍了。 →
4 昨天晚上下了一下雪，今天路特别滑。 →

5. 활용하기 나의 작문 실력 뽐내기

○ 다음 단어로 멋진 문장을 만들어볼까요?

1　不　走　我们　就　火车　了　赶不上　再

　→ _____

2　他　那　买　手表　想　他　块　但　买不起

　→ _____

3　他　过　请　我　只　吃　顿　一　饭

　→ _____

○ 여러분의 작문 실력을 보여주세요~

4　미안해요, 제가 도와드릴帮忙 수 없겠군요.

　→ _____

5　집 열쇠钥匙가 없는데, 우리가 어떻게 들어갈 수 있나요?

　→ _____

6　난 작년에 칭다오青岛에 한 번趟 왔었어.

　→ _____

7　이 영화 아주 재미있어, 나 한 번遍 더还 다시再 보고 싶어.

　→ _____

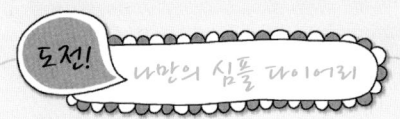

어젯밤엔 얼마나 덥던지, 도무지 죽을 맛이더라고.
결국 한밤중에 더워서 여러 번 깼더니,
엄마는 내가 배가 고파서 깬 줄 아시는 거 있지.
엄마도 참, 이 더위에 무슨 입맛이 있다고.
아직, 한여름도 안 되었는데, 왜 이렇게 더운 거야?
비나 좀 오면 좋겠어.

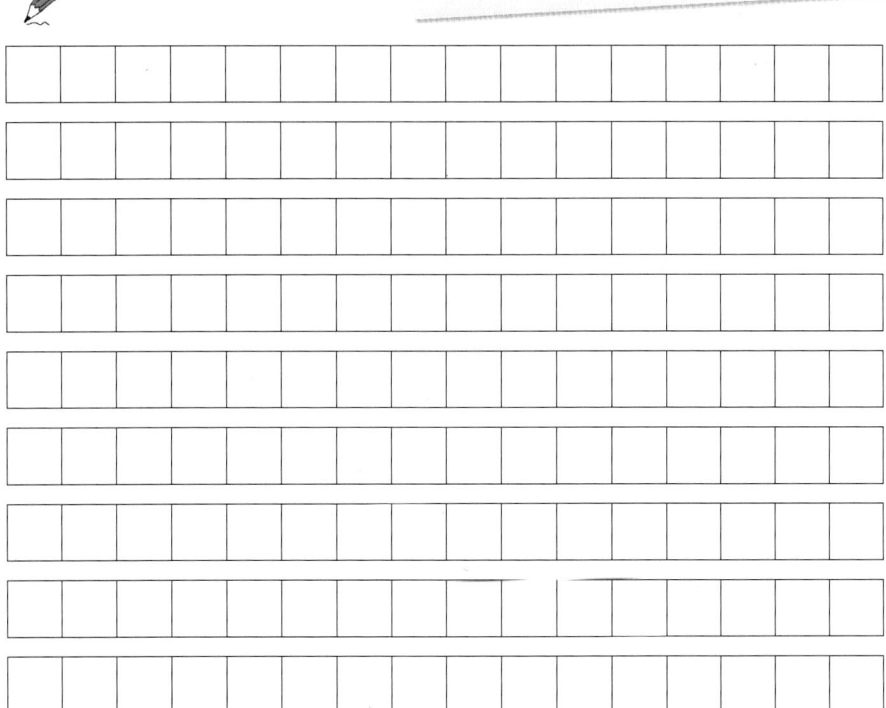

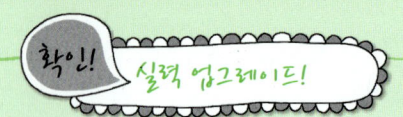

　　昨晚异常闷热，让我有些受不了。

　　半夜，我竟然被热醒了好几次，我妈妈以为是我饿了。

　　妈妈也真是的，这么热哪儿有胃口啊。

　　还没到小暑大暑，怎么这么热呢!

　　要是下一场雨就好了。

还 '뜻밖에도'의 어감을 강조하는 还를 써서 상황 묘사에 생동감을 더한다.

会 조동사 会를 더해 '무슨 입맛이 있을 수 있겠는가'라는 의미를 살려준다.

17과 단문+단문=복문(1)
병렬, 순접, 점층 복문

'그 친구는 중국인이 아니라 일본인이에요', '언니는 과자를 먹으면서 책을 읽어요'와 같이, 두 문장이 대등한 관계로 이루어진 복문을 병렬 복문이라 합니다. 순접 복문은 '저 신발 가게에 들렀다가 약속 장소로 가겠어요'처럼, 어떤 일이 순차적으로 일어나는 내용으로 이루어집니다. 점층 복문은 뒷절의 내용이 앞절보다 강도가 높아지는 것을 가리킵니다. 예를 들면, '그는 잘생겼을 뿐 아니라 매너까지 좋다'처럼 씁니다.

1. 시도하기 몸풀기 작문 연습! 시~작!

① 나는 TV를 보면서 간식을 먹고 있어요.

② 그는 똑똑하기도 하고, 유능하기도 하다.

③ 그를 공항까지 배웅하고, 우리는 바로 돌아왔어요.

④ 우리는 먼저 상하이에 갔다가, 다시 난징에 가려고 한다.

⑤ 밍밍이는 독일어를 할 줄 알 뿐 아니라 영어도 한다.

⑥ 이 청바지는 나도 좋아하지만, 밍밍이가 더 좋아한다.

---

① ~하면서 ~하다
一边…一边
yìbiān…yìbiān
간식 点心 diǎnxīn

② ~하면서 ~하다
又…又 yòu…yòu
유능하다 能干 nénggàn

③ 배웅하다 送 sòng
공항 机场 jīchǎng
바로 就 jiù

④ 먼저 ~한 다음에
다시 ~하다
先…然后再…
xiān…ránhòu zài…
~할 생각이다 打算 dǎsuan
난징 南京 Nánjīng

⑤ ~할 뿐 아니라 ~까지도
不但…而且…
búdàn…érqiě…
독일어 德语 Déyǔ

⑥ 청바지 牛仔裤 niúzǎikù
더 更 gèng

2. 발견하기 *중국어 어법의 세계로~!*

1 병렬, 순접, 점층 복문 맛보기

 1. 병렬 복문

병렬 복문은 동등한 몇 개의 단문이 어떤 동작이나 사물의 성질에 대해 설명하고 묘사해줍니다. 앞절과 뒷절의 동작이 바뀌어도 내용에 영향을 주지 않습니다.

> 我一边看电视，一边吃点心。 나는 TV를 보면서 간식을 먹고 있어요. ←[시도하기 ❶]
> ↖ ~하면서 ~하다

2. 순접 복문

순접 복문은 앞절과 뒷절의 동작이 순차적으로 일어나는 것이므로, 앞절과 뒷절의 동작이 바뀔 경우 완전히 다른 내용이 될 수 있습니다.

> 我们打算先去上海，然后再去南京。 우리는 먼저 상하이에 갔다가, 다시 난징에 가려고 한다. ←[시도하기 ❹]
> ↖ 먼저 ~하고 나서, 다음에 ~하다

3. 점층 복문

점층 복문은 앞절보다 뒷절의 서술 내용이 심화되고, 정도가 강해집니다.

> 明明不但会说德语，而且会说英语。 밍밍이는 독일어를 할 줄 알 뿐 아니라 영어도 한다. ←[시도하기 ❺]
> ↖ ~할 뿐 아니라, 게다가 ~하다

2 병렬, 순접, 점층 복문 주의사항

1. 병렬 복문은 여러 개의 단문을 사용해, 몇 가지 일이나 상황, 혹은 한 사물의 여러 가지 성질에 대해 설명하거나 묘사합니다. '又…又…, 一边…一边…, 边…边…, 一面…一面…, 既…又(也)…, 不是…而是…' 등의 형식이 많이 쓰입니다.

   他又聪明，又能干。　　　그는 똑똑하기도 하고, 유능하기도 하다. ←[시도하기 ❷]
   他们一边吃面包，一边喝咖啡。　그들은 빵을 먹으면서 커피를 마셔요.
   我们一面走，一面商量吧。　　우리 걸으면서 상의하죠.

| 这件衣服既漂亮，又便宜。 | 이 옷은 예쁘면서 싸네요. |
| 他不是空军，而是陆军。 | 그는 공군이 아니라 육군이에요. |

2. '边… 边…' 형식에는 주로 단음절 동사가 동반됩니다.

| 我们边吃边聊吧。 | 우리 먹으면서 얘기하죠. |
| 他们边唱边哭。 | 그들은 노래하면서 울고 있다. |

3. 순접 복문은 앞절과 뒷절의 동작이 순차적으로 발생함을 나타냅니다. 순접 복문에는 '先…然后(再), …于是, …就, 先…接着' 형식이 많이 쓰입니다.

送他去机场，我们就回来了。	그를 공항까지 배웅하고, 우리는 바로 돌아왔어요. ←시도하기 ❸
那里交通不方便，于是我们骑车去。	그곳은 교통이 불편해요. 그래서 우리는 자전거를 타고 갑니다.
听到他死的消息，她先愣了，接着大哭了一场。	그가 죽었다는 소식을 듣고, 그녀는 먼저 할 말을 잃더니, 이어서 한바탕 서럽게 울었다.

4. 점층 복문은 뒷절이 앞절보다 진일보한 의미를 나타내거나 정도가 심화됩니다. 점층 복문에 많이 쓰이는 형식에는 '不但(不仅)…而且(并且/也/还)…, 更, 甚至, 况且' 등이 있습니다.

不但我会说英语，他也会说。	내가 영어를 할 수 있을 뿐 아니라, 그 사람도 할 수 있어요.
这条牛仔裤我喜欢，明明更喜欢。	이 청바지는 나도 좋아하지만, 밍밍이가 더 좋아한다. ←시도하기 ❺
这首歌，小孩、大人，甚至八十岁的老人都喜欢。	이 노래는 어린아이, 어른, 심지어 여든 살 된 노인까지도 모두 좋아한다.

5. 不但은 단독으로는 사용할 수 없고 뒤에 반드시 '而且, 也, 还'를 동반해야 합니다. 앞절과 뒷절의 주어가 다를 경우, 不但은 주어 앞에 위치합니다.

| 今天不但他来了，而且他爱人也来了。 | 오늘 그 사람만 온 게 아니라, 그의 아내까지 왔어. |

3. 검토하기 아~ 이게 이거였구나~!

① 그는 상하이 사람이 아니라, 항저우 사람이다.

⇨ 他不是上海人，而是杭州人。
　　~가 아니라 ~이다

응용표현 그는 베이징 대학 학생이 아니라, 베이징 사범대 학생이다.

⇨ _____

② 이 군小李과 그의 아내가 도착하면, 우리는 바로 출발할 거예요.

⇨ 小李和他爱人一到，我们就出发。
　　~하자마자 ~하다

응용표현 아빠는 그 사람 이름을 들으시더니, 바로 눈살을 찌푸리셨다 皱眉头.

⇨ _____

③ 우리 먼저 상의한 후에, 다시 결정하죠.

⇨ 我们先商量，然后再决定吧。
　　먼저 ~하고 나서, 다시 ~하다

응용표현 나는 먼저 청소를 한 후에, 다시 시장으로 장 보러 가려고 해요.

⇨ _____

④ 중국어 수업시간에, 우리는 들으면서 이야기한다.

⇨ 上汉语课的时候，我们边听边说。
　　~하면서 ~하다

응용표현 우리 걸으면서 얘기해요. 여기 서 있는 거 안 좋아요.

⇨ _____

⑤ 여기는 풍경이 아름다울 뿐 아니라, 공기까지 좋다.

⇨ **这里不但风景优美，而且空气也很好。**
　　~뿐 아니라, ~하기도 하다

응용표현 그는 골프高尔夫球를 좋아할 뿐 아니라, 볼링保龄球도 좋아한다.

⇨ _____

⑥ 이렇게 하면 원가도 절감할 수 있고, 제품 품질도 향상시킬 수 있다.

⇨ **这么做既节约成本，又能提高产品质量。**
　　~하고 (또) ~하다

응용표현 그의 성격은 내성적이지도 않고, 외향적이지도 않다. (既不属于…又不属于…)

⇨ _____

⑦ 그녀가 먼저 갔고, 이어서 나도 갔다.

⇨ **她先走了，接着我也走了。**
　　먼저 ~하고 이어서 ~하다

응용표현 엄마가 먼저 눈물을 참지 못하셨고忍不住, 이어서 우리도 다 울었다.

⇨ _____

⑧ 날씨가 따뜻하기는 커녕 오히려 춥다.

⇨ **天气不但不暖和，反而很冷。**
　　~하기는 커녕, 오히려 ~하다

응용표현 이 선생님은 화를 내시기는커녕 오히려 웃으셨다.

⇨ _____

17과 단문+단문=복문(1) 병렬, 순접, 점층 복문

4. 교정 연습 앗! 나의 실수~

1 他们俩一边走了路，一边谈了话。 →
2 也小金是我的朋友，也是我的同事。 →
3 先我们坐公交车去人民广场，再换车吧。 →
4 不但上海的冬天很冷，而且常常下雨。 →

5. 활용하기 나의 작문 실력 뽐내기

다음 단어로 멋진 문장을 만들어볼까요?

1 不是   他   知道   糊涂   不   而是   装
   → _____

2 听到   大家   这个   高兴   消息   都   起来
   → _____

3 深夜   的   我们   街上   除了   还有   多   外   醉汉   很
   → _____

여러분의 작문 실력을 보여주세요~

4 그는 음악을 들으며 책 읽는 것을 좋아한다. (一边……一边……)
   → _____

5 우리 먼저先 밥 먹고 나서 다시然后再 영화 보러 가죠.
   → _____

6 밍밍이明明는 한자를 빨리 쓰면서도 예쁘게 쓴다. (又…又…)
   → _____

7 이런 이치道理는 삼척동자三岁小孩도 다 아는데, 하물며何况 어른이 모르겠어요!
   → _____

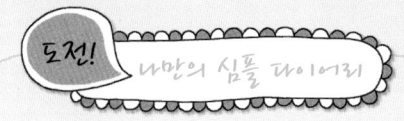

저녁을 먹고, 오늘은 엄마와 산책을 나갔단다.
우리는 걸으면서 이런저런 이야기를 나누었지.
돌아오는 길에 커피숍에서 커피를 마시고,
빵집에 들러 빵을 좀 샀어.
나의 하루를 이렇게 달콤하게 마감해.
내일은 더 멋진 하루가 되길~

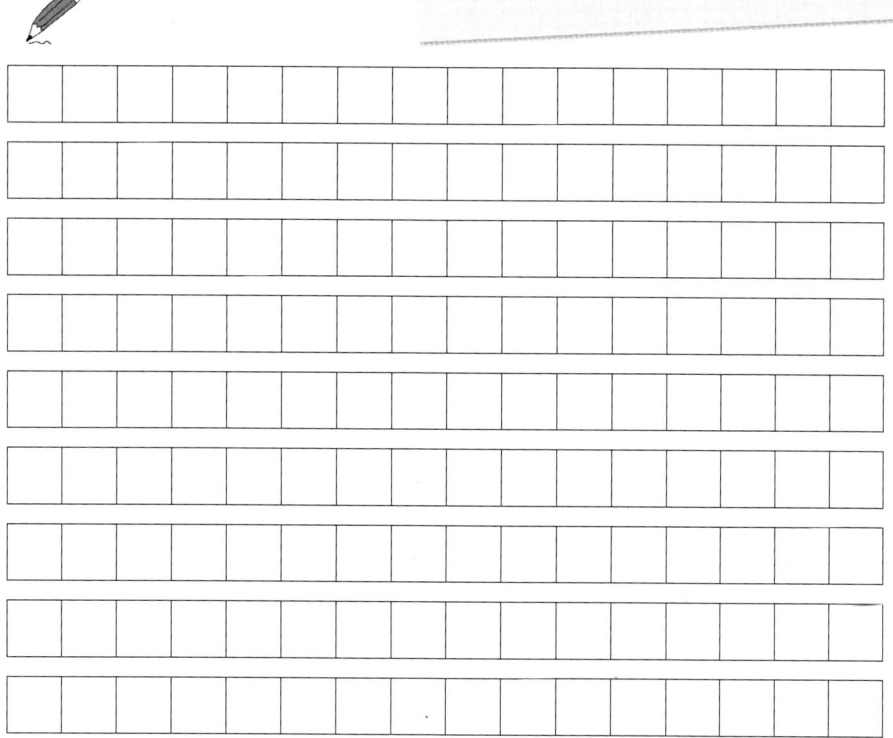

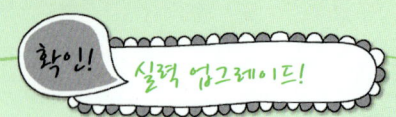

　　吃完晚饭，我跟妈妈一起去散步了。

　　我们一边走路，一边聊这那。

'이런저런 이야기를 하다'라고 할 때는 聊这聊那로 쓴다.

　　回家的时候，我们先去咖啡厅喝杯咖啡，然后再去面包店买了点儿面包。

了 이미 동작을 완료했으므로 了를 넣어준다.

　　我的一天就这样甜蜜结束了。

이음절 형용사가 부사어로 쓰일 때 구조조사 地를 동반한다. 地

　　希望明天的生活会更精彩~

18과 단문+단문=복문(2)
선택, 인과, 전환 복문

'밍밍이는 도서관에 있거나 강의실에 있을 거야'와 같이 어떤 선택을 해야 할 때 쓰는 복문이 선택 복문입니다. 선택 복문에 가장 많이 쓰는 형식은 还是와 '不是…就是…' 형식이지요.

'고마워, 네가 도와준 덕분에 이번 일이 잘 되거야'처럼 원인을 말할 때는 인과 복문을 씁니다. 인과 복문의 대표적인 형식은 '因为…所以…'랍니다.

'날씨가 따뜻해지긴 했는데 여전히 바람은 차구나'와 같이 반전을 이야기할 때는 '虽然…但是…' 같은 전환 복문을 쓴다는 것도 잊지 마세요.

1. 시도하기   몸풀기 작문 연습! 시~작!

① 그는 미국인이 아니면 캐나다인이야.

② 너희들 황산에 가고 싶어, 아니면 타이산에 가고 싶어?

③ 네가 내 곁에 있기 때문에, 난 행복하다고 느껴.

④ 날씨의 원인으로, 채소 값이 올랐다.

⑤ 그는 비록 바쁘지만, 매주 부모님을 뵈러 간다.

⑥ 눈이 많이 내리지만, 그는 그래도 온다고 한다.

---

① ~아니면 ~이다
不是…就是…
búshì…jiùshì…

② 아니면, 또는 还是 háishi
황산 黄山 Huáng Shān
타이산 泰山 Tài Shān

③ ~때문에 그래서 하다
因为… 所以…
yīnwèi…suǒyǐ…
~곁 身边 shēnbiān
~라고 느끼다 感到 gǎndào
행복하다 幸福 xìngfú

④ ~로 인해 由于 yóuyú
채소 蔬菜 shūcài
값이 오르다 涨价 zhǎng jià

⑤ 비록 ~하지만 虽然 suīrán
그러나 但是 dànshì
부모님 父母 fùmǔ

⑥ ~이지만 그래도
尽管…还是 jǐnguǎn…háishi
눈 雪 xuě

2. 발견하기 중국어 어법의 세계로~!

1 선택, 인과, 전환 복문 맛보기

1. 선택 복문

선택 복문은 두 개 혹은 그 이상의 단문으로 여러 가지 일을 얘기하거나, 두 가지 이상의 선택 사항 중에서 하나를 선택하는 복문을 말합니다.

明明每天下午不是打篮球，就是打羽毛球。 밍밍이는 매일 오후에 농구를 하거나 배드민턴을 친다.
↖ ~아니면 ~이다

2. 인과 복문

인과 복문은 원인과 결과를 얘기해주는 복문입니다.

因为是你，所以我爱。　　　너이기 때문에, 난 사랑해.
↖ ~이기 때문에, 그래서

3. 전환 복문

전환 복문은 앞절에서 어떤 사실에 대해 이야기하고, 뒷절에서는 앞절과 반대되는 결과나 앞절을 부정하는 결과를 제시합니다.

尽管下着大雪，他还是要来。 눈이 많이 내리지만, 그는 그래도 온다고 한다.
↖ 비록 ~이지만, 그러나　　　　　　　　　　　　　　　　　← 시도하기 ❺

2 선택, 인과, 전환 복문 주의사항

1. 선택 복문에 많이 쓰이는 형식에는 '或(者)…或(者)…, …还是, 不是…就是…' 등이 있습니다.

他不是美国人，就是加拿大人。　그는 미국인이 아니면 캐나다인이야. ← 시도하기 ❶
你们想去黄山还是去泰山? 　　너희들 황산에 가고 싶어, 아니면 타이산에 가고 싶어?
　　　　　　　　　　　　　　　　　　　　　　　　　　　　　← 시도하기 ❷

我们去旅游时，或者坐火车或者坐飞机。　　우리 여행갈 때, 기차 타도 되고 비행기 타도 돼.

* '或(者)…或(者)…' 형식은 의문문에 쓸 수 없습니다.
* '不是…就是'는 선택 복문에서 단독으로 사용할 수 없습니다.

2. 인과 복문에 많이 쓰이는 형식에는 '因为…所以…, 由于…所以…, 由于…, …因此' 등이 있습니다.

因为你在我身边，所以我感到很幸福。　　네가 내 곁에 있기 때문에, 난 행복하다고 느껴.
　　　　　　　　　　　　　　　　← 시도하기 ❸

由于天气不好，蔬菜涨价了。　　날씨가 좋지 않아서, 채소값이 올랐다. ← 시도하기 ❹
他病了，因此没来上课。　　그는 병이 났다, 그래서 수업 받으러 못 왔다.

* '因为…所以…' 형식은 문어체에 많이 쓰입니다.
* 因为는 주로 앞절에 쓰이지만, 결과나 결론을 강조하기 위해 뒷절에 쓰이기도 합니다.

3. 전환 복문에 많이 쓰이는 형식에는 '虽然…但是(可是)…, …可是…, …然而…, …不过…, 尽管…还是, 却' 등이 있습니다.

他虽然很忙，但是每周去看父母。　　그는 비록 바쁘지만, 매주 부모님을 뵈러 간다.
　　　　　　　　　　　　　　　　← 시도하기 ❺

尽管身体不好，他还是要求参加比赛。　　몸이 안 좋은데도 불구하고, 그는 여전히 시합에 출전하겠다고 했다.

我知道他的名字，不过一时想不起来了。　　난 그 사람 이름을 알아, 그렇지만 갑자기 생각이 안 나네.

* 虽然은 앞절에 쓰일 때는 주어 앞뒤에 위치할 수 있지만, 뒷절에 쓰일 때는 반드시 주어 앞에 위치합니다.
* 但是(可是)는 앞절에 올 수 없습니다.

3. 검토하기   아~ 이게 이거였구나~!

① 그 사람이 그러는데 월요일에 오든지 수요일에 오겠대.

⇨ 他说他不是星期一来，就是星期三来。
　　　不是…就是… : ~아니면 ~이다

응용표현 네가 가든지 아니면 그가 가든지, 어쨌든 反正 난 안 간다.

⇨ _____

② 그가 이렇게 한 건 모르고 그런 걸까, 아니면 고의일까?

⇨ 他这样做是无意的，还是故意的？
　　　　　　　　　　　~아니면

응용표현 우리 오전에 출발해요, 아니면 오후에 출발해요?

⇨ _____

③ 오늘 안개가 많이 껴서, 비행기가 연착했다.

⇨ 今天因为雾大，所以飞机晚点了。
　　因为…所以… : ~이기에 그래서

응용표현 나는 시험에 통과하지 못해서 不及格, 졸업을 할 수가 없다.

⇨ _____

④ 엄마는 비록 늙으시긴 했지만, 여전히 아름다우시다.

⇨ 妈妈虽然老了，但她还是很美丽。
　　虽然…但是(但/可是) : 비록 ~이지만, 그러나

응용표현 비록 별일은 아니지만, 미치는 영향은 크다.

⇨ _____

160　맛있는 중국어 작문 2

⑤ 이 강은 수심이 깊어서, 수영을 할 수가 없다.

➪ **由于这条江很深，因此不能游泳。**
由于…因此… : ~로 인해, 그리하여

응용표현 사적인 문제로 인해, 그는 부득이 사직을 했다辞职.

➪ _____

⑥ 내가 굶어죽는 한이 있더라도, 네놈들이 주는 것은 먹지 않을 것이야.

➪ **我宁可饿死，也不吃你们的东西。**
宁可…也… : 차라리 ~할지언정, 그래도

응용표현 내가 잠을 안 자는 한이 있더라도, 임무를 완성할 거야.

➪ _____

⑦ 난 한참을 봤는데도, 여전히 이해가 안 되네.

➪ **尽管我看了半天，但还是没读懂。**
尽管…但… : ~임에도 불구하고, 그러나

응용표현 비록 이 식당이 찾기 힘든 곳이지만, 우리는 그래도 찾아냈다. (尽管…还是…)

➪ _____

⑧ 설령 아무리 큰 어려움에 봉착하더라도, 나는 목표를 향해 전진할 거야.

➪ **就是遇到再大的困难，我也要向着目标前进。**
就是…也… : ~일지라도, 그래도

응용표현 설령 네가 무릎 꿇고 빈다 해도, 난 너를 용서하지原谅 않을 거야.

➪ _____

4. 교정 연습 〔앗! 나의 실수~〕

1 你喝咖啡或者喝绿茶？   →
2 最近这儿的天气不好，
   不是刮风，而是下雨。   →
3 因为事情太多，因此我今天才来看你。 →
4 虽然天气很好，但就是很冷。 →

5. 활용하기 〔나의 작문 실력 뽐내기〕

❋ 다음 단어로 멋진 문장을 만들어볼까요?

1 星期天   呆在   不是   我   公司   就是   家里   呆在
   → _____

2 因为   他   所以   假   重感冒   了   一天   请
   → _____

3 但是   还是   见过面   他   认不出   我   尽管   来   我们
   → _____

❋ 여러분의 작문 실력을 보여주세요~

4 내일 오전에 우리는 강의실教室에 가거나 도서관에 갈 거야.
   → _____

5 그는 영국에서 10년 동안 있었기呆 때문에 영어를 잘한다.
   → _____

6 비록 그 사람 업무工作가 바쁘긴 하지만, 매일 꾸준히坚持 한 시간씩 중국어 공부를 한다.
   → _____

7 비록 실패失败를 여러 번 겪었으나, 그는 결코并 낙담하지灰心 않았다. (尽管…可…)
   → _____

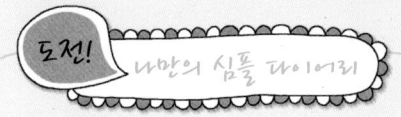

남들은 잠 안 자려고 커피 마시는데,
난 커피 마시면 오히려 잠이 쏟아진단다.
남들은 잠 깨려고 세수하지만,
난 세수하면 오히려 더 졸려.
내일부터 기말고사인데 말이지.
아! 신이시여, 빵점과 잠 중에 무엇을 선택해야 하나이까?

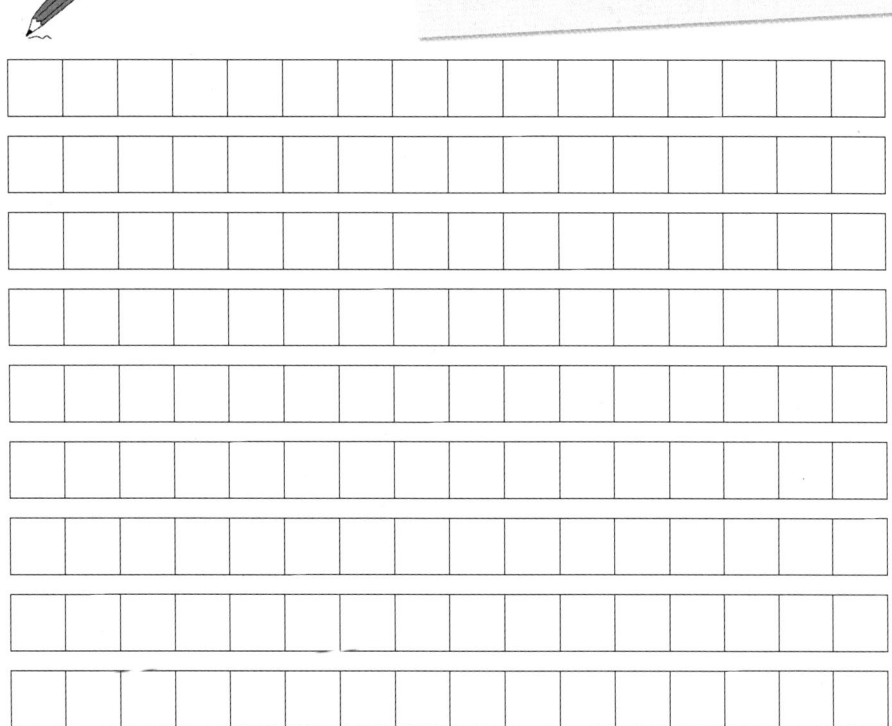

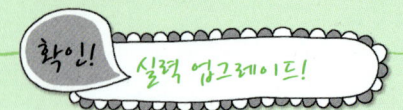

　　别人为了不睡觉而喝咖啡，可是我喝咖啡会更想睡。

了　　反而　'오히려'의 뜻을 가미하면 문장이 더 실감나게 된다.

　　别人为了醒困而洗脸，可是我洗脸会更想睡。

后反而睡意更浓

　　明天要期末考试了。

就　문장에 시간사가 출현할 때는 임박태 '就要…了' 형식을 써야 한다.

　　哎！上帝呀，在鸭蛋和睡觉中我该如何选择啊？

이 말 속에는 '어찌해야 하오리까'의 뜻이 들어 있다.

19과 단문+단문=복문(3)
가정, 목적, 조건 복문

어른들이 종종 하시는 말씀인 '내가 네 나이만 됐어도'와 같이 어떤 상황을 가정할 때는 如果나 假如로 시작하는 가정 복문을 씁니다. '널 위해서라면, 난 무엇이든 할 수 있어!'라고 당당하게 말하고 싶을 때는 为了로 시작하는 목적 복문을 씁니다. '중국어가 아무리 어려워도, 난 꼭 마스터하고야 말겠어!'라고 말할 때는 '不管…也…'와 같은 조건 복문을 쓸 수 있습니다.

1. 시도하기 — 몸풀기 작문 연습! 시~작!

① 만약에 나한테 돈이 생기면, 세계 일주를 할 거야.

② 만일 내가 의사라면 너의 병을 고쳐줄 수 있을 텐데.

③ 아이의 건강을 위해, 우리 남편은 담배를 끊었다.

④ 확실하게 얘기해요, 다른 사람이 오해하지 않도록.

⑤ 네 스스로 자신감이 있다면, 우리는 영원히 너를 응원할 거야.

⑥ 네가 가든 안 가든, 난 어쨌든 갈 거야.

---

① 만약 ~하다면, 바로
  如果…(的话) 就…
  rúguǒ…(de huà) jiù…
  세계 일주 环球旅行 huánqiú lǚxíng

② 만일 假如 jiǎrú
  의사 医生 yīshēng
  치료하다 治好 zhìhǎo

③ ~를 위해 为了 wèile
  아기 宝宝 bǎobao
  건강 健康 jiànkāng
  남편 老公 lǎogong
  담배를 끊다 戒烟 jiè yān

④ 분명하다 清楚 qīngchu
  ~하지 않도록 免得 miǎnde
  오해하다 误会 wùhuì

⑤ ~하기만 하면 只要 zhǐyào
  스스로 自己 zìjǐ
  자신감 信心 xìnxīn
  영원히 永远 yǒngyuǎn
  응원하다 支持 zhīchí

⑥ ~하든 아니든, 다 ~하다
  不管…, 还是…都…
  bùguǎn…, háishi…dōu…

2. 발견하기 중국어 어법의 세계로~!

1 가정, 목적, 조건 복문 맛보기

1. 가정 복문

가정 복문은 앞절에서 가정 상황을 제시하고, 뒷절에서는 결과를 설명하는 복문을 말합니다.

> 如果你喜欢她，那么就去告白吧。 만약에 그녀를 좋아하면, 고백하세요.
> ↖ 만약에

2. 목적 복문

목적 복문은 한 단문은 행위를 나타내고, 다른 한 단문은 목적을 나타내는 복문입니다.

> 为了学好韩语，他来到韩国。 한국어를 마스터하기 위해, 그는 한국에 왔어요.
> ↖ ~를 위해

3. 조건 복문

조건 복문은 앞절에서 어떠한 조건을 제시하고, 뒷절에서는 앞에서 제시한 조건에 의해 나타난 결과에 대해 설명합니다.

> 不管做什么工作，他都很认真。 무슨 일을 하든지, 그는 진지하게 한다.
> ↖ ~에 상관없이, 어쨌든

2 가정, 목적, 조건 복문 주의사항

1. 가정 복문에 많이 쓰이는 형식에는 '如果…就(便/那么)…, 假如…就…, 要是…(的话)…就…, …否则(要不然)…' 등이 있습니다.

如果我有了钱，就去环球旅行。 만약에 나한테 돈이 생기면, 세계 일주를 할 거야.
← 시도하기 ❶

假如我是医生，我会治好你的病。 만일 내가 의사라면, 너의 병을 고칠 수 있을 텐데.
← 시도하기 ❷

要是他同意的话，我们明天就去吧。 만약에 그 분이 동의하시면, 우리 내일 바로 가요.

* '如果…那么…' 형식과 '如果…那…' 형식은 뜻이 같습니다.
* 那么는 구어체와 문어체에 다 쓸 수 있고, 那는 구어체에 더 많이 쓰입니다.

2. 목적 복문을 만드는 데 주로 쓰이는 형식으로는 '为了…, …为的是…, …免得…, …省得…, …以便…' 등이 있습니다.

   为了宝宝的健康，我老公戒烟了。   아이의 건강을 위해, 우리 남편은 담배를 끊었다.
   ← 시도하기 ❸

   你得说清楚，免得别人误会。   확실하게 얘기해요, 다른 사람이 오해하지 않도록.
   ← 시도하기 ❹

   他凌晨四点起床，为的是去机场接客人。   그가 새벽 네 시에 일어난 것은, 공항으로 손님을 마중하러 가기 위해서이다.

   * 목적을 나타내는 为了는 반드시 앞절에 써야 합니다. 먼저 행동을 설명하고 나중에 목적을 제시할 때는 '…是为了/为的是' 형식으로 씁니다.

3. 조건 복문 형식에는 '只要…就…, 只有…才…, 不管(无论)…都(也/总)…' 등이 있습니다.

   只要你自己有信心，我们会永远支持你。   네 스스로 자신감이 있다면, 우리는 영원히 너를 응원할 거야.
   ← 시도하기 ❺

   只有你去找他，他才答应帮助我们。   네가 그를 찾아가야 그가 우리를 도와주겠다고 할 거야.

   不管你去还是不去，我都去。   네가 가든 안 가든, 난 어쨌든 갈 거야. ← 시도하기 ❻

   * 不管은 구어체에, 无论은 문어체에 많이 씁니다.

3. 검토하기 아~ 이게 이거였구나~!

① 만약에 네가 나라면, 넌 어떻게 하겠니?

⇨ 如果你是我，你会怎么做？
  만약에 ~하다면

  응용표현 만약에如果 내일 눈이 온다면, 우리는 스키 타러 갈 거야.

  ⇨ _____

② 네가 만일 정말로 서예를 배우고 싶다면, 그럼 내가 가르쳐줄 수 있어.

⇨ 你假如真想学书法，那么我可以教你。
  假如…那么(就) : 만일 ~하면, 그러면

  응용표현 만일假如 내가 한 마리 새라면, 너한테 날아갈 수 있을 텐데.

  ⇨ _____

③ 네가 어디 있든지, 내가 널 찾아갈 거야.

⇨ 不管你在哪里，我都去找你。
  不管…都… : 어떤 조건에서도

  응용표현 당신이 어디에 가든지, 제가 같이跟着 갈게요.

  ⇨ _____

④ 만일 괜찮다면, 우리 같이 가도록 해요.

⇨ 要是可以的话，我们就一起去吧。
  要是…就… : 만약에 ~라면, 그러면~

  응용표현 자네 만약에要是 일요일에 쉬면, 우리 집으로 밥 먹으러 오게.

  ⇨ _____

⑤ 우리의 우정을 위해 건배!

➡ 为了我们的友谊，干杯!
　~를 위해

　응용표현 모두의 건강을 위해为了, 앞으로는 밤새지熬夜 마세요!

　➡ _____

⑥ 도착하면 집에 전화 해드려, 너희 엄마 걱정하시지 않게.

➡ 到了给家里打个电话，省得你妈担心。
　　　　　　　　　　　　~하지 않도록

　응용표현 너 여권 잘 챙겨놔, 그때 가서到時候 못 찾으면 안 되니까.

　➡ _____

⑦ 너만 기뻐한다면, 난 만족이야.

➡ 只要你高兴，我就心满意足了。
　만약 ~라면, ~하다

　응용표현 네가 나한테 한 가지만 약속해준다면只要, 내가 진실真相을 얘기해줄게.

　➡ _____

⑧ 그 사람은 수술을 해야만, 치료가 돼요.

➡ 他只有动手术，才能治好。
　只有…才能 : ~해야만 비로소 ~하다

　응용표현 네가 진심으로 다른 사람을 대해야만, 다른 사람이 너한테 진심으로 대한다.

　➡ _____

4. 교정 연습 앗! 나의 실수~

1 如果明天下雪，就我们不去那儿了。 →
2 要你想参加比赛，你就告诉我一声。 →
3 为了感谢他，我送他给一件礼物。 →
4 只要你努力，才一定能成功。 →

5. 활용하기 나의 작문 실력 뽐내기

🔸 다음 단어로 멋진 문장을 만들어볼까요?

1 问题　他　可以　来　只有　才　解决
   →

2 真是　好　旅游　那　泰山　暑假　了　能　去　假如　太
   →

3 参加　为了　不得不　婚礼　计划　朋友的　我　原来的　改变了
   →

🔸 여러분의 작문 실력을 보여주세요~

4 만약에假如 내가 책을 쓴다면, 나는 내가 일생 동안一生中 저지른 실수错误에 대해 쓸 것이오.
   →

5 모두에게 믿음信心만只要 있다면, 우리는 어려움困难을 극복할克服 수 있습니다.
   →

6 자네你가 모시러请 가야만只有, 그분이 오실 걸세.
   →

7 우리 지도地图 한 장 가지고带 가요, 헤매지 않게免得.
   →

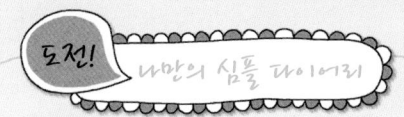

우리 아빠에게는 꿈이 하나 있는데,
농촌에 작은 집을 짓고 넓은 정원을 만들어
개도 기르고 꽃도 많이 키우는 것이다.
아빠는 이 꿈을 이루기 위해 하루하루 열심히 산다고 하신다.
그리고 이 꿈을 떠올리면,
저절로 미소를 띠게 된다고 하신다.
아빠의 꿈이 꼭 이루어지길!

다음 단어들을 이용하여 일기를 써보세요!

꿈 梦想 mèngxiǎng | 농촌 农村 nóngcūn |
집을 짓다 盖房子 gài fángzi | 기르다 养 yǎng |
저절로 不由得 bùyóude |
미소를 띠다 微笑起来 wēixiào qǐlai |
꿈을 이루다 美梦成真 měi mèng chéng zhēn

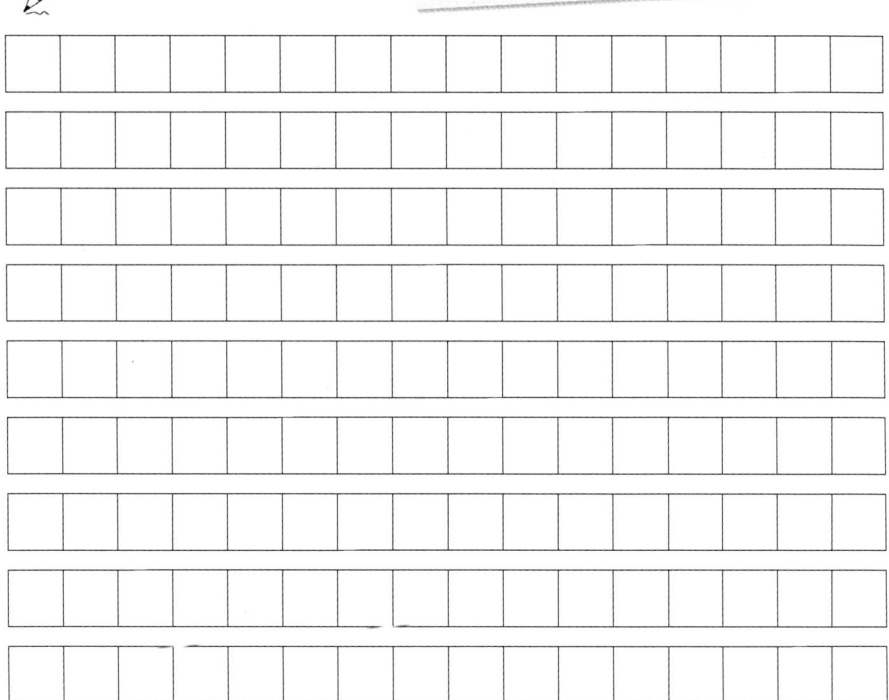

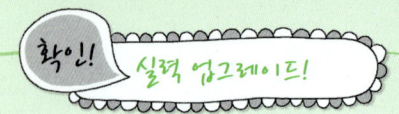

　　我爸爸有一个梦想，在农村盖一所小房子，带个大家~~院~~，然后~~养条狗~~
→ 院子
~~和~~ 很多花。
→ 养条狗，再种上很多花 개를 키우는 행위와 꽃을 기르는 행위를 따로 써준다.
　　他说为了实现这个梦想，每一天他都过得很充实。
　　还有，他说每次想到这个梦想，就不由得微笑起来。
　　爸爸的美梦成真！
↑ 祝 어떤 바람을 기원할 때는 祝를 쓴다.

20과 중요한 내용을 표현할 때
강조용법

똑같은 강조를 하더라도 상황에 따라 조금 더 맛있게 표현을 할 수 있으면 훨씬 좋겠지요? 살짝 도도하게 말하고 싶다면 '连…也(都)', 카리스마를 좀 보여주려면 '非…不可'가 좋습니다. 때론 이중부정 '不…不…'를 이용해 돌려 말하는 센스도 필요하지요. 상황에 맞는 강조용법을 능수능란하게 구사해봅시다.

1. 시도하기 — 몸풀기 작문 연습! 시~작!

① 오늘은 밥 먹을 시간조차 없었어.

② 안 먹어, 안 먹어, 절대 안 먹는다고!

③ 그 사람이야말로 믿지 않을 거야.

④ 이건 정말이지 자네가 한 말이라고.

⑤ 그가 저기서 널 기다려, 너 안 가면 안 돼.

⑥ 그 사람은 꼭 오늘 가야겠다는군.

---

① ~조차도
 连…都 lián…dōu

② 절대 就 jiù

③ ~야 말로 才 cái
 ~할 것이다 会 huì
 믿다 相信 xiāngxìn

④ 정말이지 可 kě

⑤ ~하지 않으면 안 된다
 不…不… bù…bù…

⑥ 꼭 ~해야만 한다
 非…不可 fēi…bùkě

2. 발견하기 *중국어 어법의 세계로~!*

1 강조용법 맛보기

중국어 회화를 하면서 자주 만날 수 있는 강조용법에는 '连…都(也), 就…, 可…, 才…, 非…不可, 이중부정문' 등이 있습니다. 이중에서 '就, 可, 才'는 강조용법 외에 여러 가지 다른 뜻으로도 많이 쓰입니다. '想+동사+의문사+就+想+동사+의문사' 형식도 회화에서 많이 쓰는 강조용법 형식입니다. '…也(都)没(不)' 형식으로 부정형 강조용법을 쓰기도 합니다.

기본형식

连三岁的小孩都知道，何况大人呢！　　삼척동자도 다 아는데, 하물며 어른이야!
↙ ~조차도

我就在这儿。　　내가 바로 여기 있어요.
↙ 바로

我才不喝呢！　　나야말로 안 마신다고!
↙ ~야말로

他做的菜可好吃了。　　그 애가 만든 음식 정말 맛있어.
↙ 정말이지

你不去不行。　　네가 안 가면 안 돼.
↙ ~하지 않을 수 없다

他每天非喝咖啡不可。　　그는 매일 커피를 안 마시면 안 된다.
↙ ~해야만 한다

2 강조용법 주의사항

1. '连…都'는 连과 都 사이에 들어가는 주어나 목적어를 강조합니다.

今天连吃饭时间都没有了。　　오늘은 밥 먹을 시간조차 없었어. ← 시도하기 ❶

这件事连他都不同意。　　이 일에 대해선 그 사람조차 동의하지 않는다.

2. 就가 강조용법으로 쓰이면 결연한 의지를 나타냅니다.

   不吃，不吃，就不吃！ 안 먹어, 안 먹어, 절대 안 먹는다고! **시도하기 ②**
   我们就在这儿上课。 우리는 바로 이곳에서 수업해요.

3. 才가 강조용법으로 쓰이면 어감이 강해집니다. '才…呢'의 형식으로 많이 씁니다.

   他才不会相信。 그 사람이야말로 믿지 않을 거야. **시도하기 ③**
   我才不要呢！ 나야말로 필요 없어!

4. 可가 강조용법으로 쓰이면 어감이 강해집니다. 주로 구어체에 씁니다.

   这可是你说的。 이건 정말이지 자네가 한 말이라고. **시도하기 ④**
   你的衣服可好看了。 네 옷 정말 예쁘다.

5. 이중부정문은 강한 긍정의 어감을 나타냅니다.

   他在那儿等你，你不能不去。 그가 저기서 널 기다려, 너 안 가면 안 돼. **시도하기 ⑤**
   你不吃药，没关系。 너 약 안 먹어도 괜찮아.

6. '非…不可'는 꼭 해야 한다는 강한 의지를 나타냅니다.

   他非今天去不可。 그 사람은 꼭 오늘 가야겠다는군. **시도하기 ⑥**
   他每天非抽烟不可。 그는 매일 담배를 피워야 돼.

7. 주어의 의지에 따라 그대로 행동하는 상태는 '想+동사+의문사+就+동사+의문사' 형식으로 나타냅니다.

   你想吃什么就吃什么。 네가 먹고 싶은 거 먹어.
   你想去哪儿就去哪儿。 네가 가고 싶은 곳에 가렴.

8. '…也(都)没(不)' 형식을 써서 '~조차도'의 뜻을 표현할 수 있습니다.

   我一次也没见过他。 난 한 번도 그를 만난 적이 없어.
   他一句英语都不会说。 그는 영어를 한 마디도 못해.

3. 검토하기 아~ 이게 이거였구나~!

① 그녀는 슬픔에 겨워 눈물조차 나오지 않았다.

⇨ 她痛苦得连眼泪都流不出来。

응용표현 내가 졸려서困 말할 힘도 없어.

⇨ _____

② 우리 집이 바로 여기예요.

⇨ 我家就在这儿。
就 : 긍정의 어감, 결연한 의지 강조

응용표현 난 절대就 그가 돌아오지 않을 거라고 믿지 않아不信.

⇨ _____

③ 나야말로 네가 남긴 건 안 먹는다니까.

⇨ 我才不吃你剩的呢。
才…呢 : ~야말로 (확고함 강조)

응용표현 나야말로 안 간다니까.

⇨ _____

④ 그가 만든 음식은 정말 맛있어!

⇨ 他做的菜可好吃了!
　　　　　　　강조

응용표현 꾸에이린桂林의 경치는 정말 아름다워!

⇨ _____

⑤ 그 친구한테 물어보면 돼요, 그 친구가 모를 리 없어.

⇨ 你问他就行，他不会不知道。
　　　이중 부정 : 강한 긍정을 나타냄

　응용표현 그 사람들이 다 가니까, 나도 안 갈 수 없어.

　⇨ _____

⑥ 이 문제를 해결하려면, 김 군小金 아니면 안 돼.

⇨ 要解决这个问题非小金不可。
　　　非…不可 : 반드시 ~해야만 한다

　응용표현 요즘 나 살 많이 쪘어, 다이어트를 안 할 수 없어.

　⇨ _____

⑦ 네가 먹고 싶은 거 먹어.

⇨ 你想吃什么就吃什么。
　　　동사+의문사+就+동사+의문사 : 주어의 의지대로 하다

　응용표현 네가 가고 싶은 곳에 가.

　⇨ _____

⑧ 난 러시아에 한 번도 못 가봤어.

⇨ 俄罗斯他一次也没去。
　　　…也+没/不 : 부정 강조

　응용표현 그 회사 제품을 난 한 번一次도 안 사봤어.

　⇨ _____

4. 교정 연습 앗 나의 실수~

1 这么好看的项链她不会没喜欢。 →
2 我连游泳都不会，别说更跳水了。 →
3 这可是不开玩笑的，会出人命的。 →
4 我不会跟这种人才结婚呢！ →

5. 활용하기 나의 작문 실력 뽐내기

▸ 다음 단어로 멋진 문장을 만들어볼까요?

1 我 连 在 也 这个城市 没有 一个 朋友
   → _____

2 可 我 没 话 这 说过 句 呀
   → _____

3 是 这 就 的 我 饭店 住
   → _____

▸ 여러분의 작문 실력을 보여주세요~

4 이 반지戒指는 정말可 중요하니까, 너는 꼭 소중히珍惜 간직해야 해.
   → _____

5 나야말로才 네 호의는好意 필요 없어!
   → _____

6 이 일은 모르는不知道 사람이 없어요.
   → _____

7 네가 하고 싶은 대로 해.
   → _____

도전! 나만의 심플 다이어리

내 동생은 편식이 심해서, 달걀도 안 먹어.
게다가 고집이 세서, 자기가 먹고 싶은 것만 먹는다니까.
하루는 엄마가 달걀 안 먹으면 학교에 못 가게 한다니까,
말 없이 방에 들어가서 누워버리더라.
결국은 엄마한테 한바탕 먼지 나게 두들겨 맞고,
울면서 달걀 하나를 다 먹더라고.
자식, 감히 엄마에게 대들 생각을 하다니~

다음 단어들을 이용하여 일기를 써보세요!

편식하다 挑食 tiāoshí | ~조차도 连…也 lián…yě |
고집이 세다 倔 jué | 먹고 싶은 것만 먹다
想吃什么就吃什么 xiǎng chī shénme jiù chī shénme |
눕다 躺 tǎng | 결국 结果 jiéguǒ

我弟弟很挑食，连鸡蛋也不吃。

　　而且，他很倔强，自己想吃什么
　　　　　↘ 他性子很倔

就吃。
　↘ 就吃什么 '什么… 什么…'의 형식으로 주어의 의지대로
　　　결정한 행동을 수행한다는 의미를 나타낸다.

　　有一天，妈妈跟他说不吃鸡蛋就

不让他去学校，他一言不发地进了自

己的房间，就那么躺在床上。

　　结果，被妈妈狠狠打了一顿后，

弟弟哭着吃完一个鸡蛋。

　　这小子，还敢对妈妈作对~
　　　　　　　　　　　　↘ 作对는 '대들다'라는
　　　　　　　　　　　　　뜻이다.

맛있는 중국어 书写 작문 ❷ 정답 및 해석

1과 목적어를 붙일 때 조심해야 할 동사

3. 검토하기 (응용표현)

① 天太热了，去海边游泳吧。
② 我们找个时间一起去吃顿饭，好吗？
③ 继续唱吧，你的声音很好听。
④ 我们跳了两个小时舞。
⑤ 你想什么时候还我钱？
⑥ 你问他明明现在在哪儿吧。
⑦ 我借了他一支圆珠笔。
⑧ 他们给过我很多帮助。

4. 교정 연습

1. 你们公司上几天班？
   너희 회사는 주 며칠 근무제야?
2. 我想请三天假。
   삼 일 동안 휴가를 내고 싶은데요.
3. 我给了他三本书。
   나는 그에게 책을 세 권 줬어요.
4. 我告诉你一个秘密。
   너한테 비밀 하나 얘기해줄게.

5. 활용하기

1. 他还图书馆一本英文书。
   그는 도서관에 영어책을 한 권 반납했다.
2. 他已经大学毕业了。
   그 친구는 벌써 대학을 졸업했어요.
3. 我们只是见过几次面。
   우린 그저 몇 번 만났을 뿐이에요.
4. 我想送你一束花。
5. 昨天韩老师教了我们一首中文歌。
6. 昨天晚上我头疼得睡不着觉。
7. 他还没还我那本书。

실력 업그레이드!

我想问你一个问题。
你毕业以后想做什么呀？
找工作还是读研究生？
我打算去中国读研。
你说要找工作吗？
对了，我爸爸他们公司正在招聘，
你去应聘他们公司吧。
你那么关心绿色食品，
我觉得这个公司挺适合你。

2과 동작의 실현과 완성 조사 了(1)

3. 검토하기 (응용표현)

① 昨天下午他回学校了。

② 明明还没到呢，我们再等一会儿吧。

③ 我在网上给爸爸买了一件生日礼物。

④ 你给妈妈打电话了没有？

⑤ 我以前常常去新华书店。

⑥ 我去市场买了三斤苹果和四斤葡萄。

⑦ 她换了衣服就出去了。

⑧ 明明没去参加运动会。

4. 교정 연습

1. 我去商店买了一辆自行车。

   나 가게에 가서 자전거 한 대를 샀어.

2. 我没有看这本小说。

   나는 이 소설을 안 읽었어요.

3. 我每天学习一个小时汉语。

   나는 매일 한 시간씩 중국어 공부를 해요.

4. 明天我吃了早饭就去你那儿。

   내일 아침 먹고 너한테 갈게.

5. 활용하기

1. 今天中午我只吃了一碗面条。

   오늘 점심때 나는 국수 한 그릇밖에 못 먹었어.

2. 昨天你们看电影了没有？

   어제 너희들 영화 봤니?

3. 我们俩每天吃了晚饭就去公园散步。

   우리는 매일 저녁을 먹은 다음 공원으로 산책 가요.

4. 他去北京出差了。

5. 我还没看他给我的礼物。

6. 明明回家了没有？

7. 我买了一件衬衫和两条裤子。

실력 업그레이드!

今天我跟妈妈一起去看自行车了。

可是，我喜欢的贵得要命，

妈妈喜欢的，我却又不喜欢。

最后，我答应妈妈

要擦一个月爸爸的皮鞋，

这样才买到了那辆我喜欢的自行车。

明天我骑着车出去，我们小区的自行车

中，它肯定是最神气的！

3과 상황 변화와 임박태 조사 了(2)

3. 검토하기 응용표현

① 冬天了！我们可以去堆雪人了。

② 对不起，我已经不是过去的我了。

③ 你说的意思我都懂了。

④ 听说明明有女朋友了。

⑤ 我现在还有事，不能去喝酒了。

⑥ 十一快到了，你们公司放几天假？

⑦ 你看，要下雪了！

⑧ 七月份我们就要毕业了。

4. 교정 연습

1. 春天了，天气暖和了。

봄이 오니, 날씨도 따뜻해졌네요.

2. 我不想吃了，你们吃吧。

난 먹기 싫어졌어, 너희들 먹어.

3. 要下雨了，你带着伞出去吧。

비 올 것 같아, 너 우산 가지고 나가렴.

4. 明天我就要回国了。

내일 저 귀국해요.

5. 활용하기

1. 他现在是总经理了。

그 사람 지금은 사장님이 되었어요.

2. 七点的飞机，现在去来不及了。

일곱 시 비행기면, 지금 가면 늦죠.

3. 快十二点了，我该走了。

열두 시가 가까웠네요, 전 이만 가봐야겠어요.

4. 一年没回家，现在我有点儿想家了。

5. 我吃饱了，再也吃不下去了。

6. 快到你的生日了，你想要什么礼物？

7. 你们聊，我有事儿先走了。

실력 업그레이드!

哇！下初雪了！

虽然我也没有和任何人约好在下初雪那天

见面，但初雪还可以让人心跳加快。

希望明年下初雪的时候，

会有人陪着我。

上帝啊，我也到了该恋爱的年龄了~

请给我介绍一位白马王子吧，

不然黑马王子也可以，

再不然，斑马王子也行啊！

4과 순서를 잘 지켜야 하는 연동문

3. 검토하기 _응용표현_

① 我们去吃饭。

② 我去机场接客人。

③ 昨天我买完东西就回家了。

④ 你每天躺着看书，对眼睛不好。

⑤ 我今天出门捡了一百块钱。

⑥ 我没话跟你说。

⑦ 你去叫你姐姐来吃饭。

⑧ 我有个问题想请教老师。

4. 교정 연습

1. 他骑自行车去上班。

그는 자전거를 타고 출근해.

2. 他去欧洲旅行过。

그 사람 유럽으로 여행 갔었어.

3. 你去商店买一点儿吃的，好不好?

네가 가게에 가서 먹을 것 좀 사오면 어떨까?

4. 最近我没有衣服穿，我得去买衣服。

요즘 나는 입을 옷이 없어서, 옷 사러 가야 해.

5. 활용하기

1. 小金去机场送客人了。

김 군은 공항으로 손님을 배웅하러 갔어.

2. 我准备去美国读研究生。

난 미국에 가서 석사 과정을 밟을 생각이야.

3. 我最近没有衣服穿。

난 요즘 입을 옷이 없어.

4. 他去医院看病了吗?

5. 你给小金打电话叫他不要来。

6. 你的皮肤真好，你平时用什么洗脸呢?

7. 我有个问题想跟你商量。

실력 업그레이드!

换季了，没有衣服可穿了。

并且，最近早晚温差很大，

真不知该穿什么好。

所以，这个周末我打算跟朋友

一起去逛街。

我要买些又好看又暖和的衣服。

5과 너 지금 뭐 하니?
진행문

3. 검토하기 응용표현

① 外边正刮风呢。

② 他没听音乐，他在看电影。

③ 你在玩儿电子游戏吧?

④ 明明正在锻炼身体。

⑤ 昨天我去他家的时候，

他正在吃晚饭。

⑥ 明天你找他们的时候，

可能他们正在做实验。

⑦ 她没在睡觉，她织毛衣呢。

⑧ 他们正在公园里打太极拳。

4. 교정 연습

1. 请稍等，他们正开会呢。

   잠시만 기다려주세요,

   그분들은 마침 회의 중입니다.

2. 他正在书店里看书呢。

   그는 서점에서 책을 보고 있어요.

3. 我弟弟没在唱歌，他在学习。

   내 남동생은 노래 부르고 있는 게 아니라,

   공부하고 있어요.

4. 她们跳舞呢。

   그 여자애들이 춤을 추고 있어요.

5. 활용하기

1. 孩子在睡觉，你别把他吵醒了。

   아이가 자니까, 아이를 깨우지 마세요.

2. 他正在客厅里看电视呢。

   그는 거실에서 TV를 보고 있어요.

3. 我们正在准备考试。

   우린 한창 시험 준비를 하고 있다.

4. 老总一直在等你，你快进去吧。

5. 我没(在)睡觉，我在上网。

6. 十年以后的今天，我还在等你。

7. 妈妈正在厨房里做菜。

실력 업그레이드!

今天雨天。我这儿这两天一直在下雨。

现在外边还在下雨呢。

你在干什么呢?

你在想我?

要不就是正在梦见我?

朋友，我好想你哦~

我们虽然不在一起，

可我的心却永远向着你。

朋友，多保重!

6과 귀차니스트에게 유용한 겸어문

3. 검토하기 응용표현

① 昨天老总请我们喝酒了。
② 妈妈叫你快睡觉。
③ 怎样才能让顾客满意呢？
④ 我不会使你失望的。
⑤ 外边有人叫你。
⑥ 好像没有人知道《神秘花园》。
⑦ 妈妈不让我乱花钱。
⑧ 他没请我们看电影。

4. 교정 연습

1. 谁请他来这儿的?

   누가 그 분을 모셔온 거죠?

2. 你快去叫你姐姐来这儿。

   너 빨리 가서 너희 누나(언니)

   이리 오라고 해.

3. 爸爸不让我出去玩儿。

   아빠는 내가 밖에 나가 놀지 못하게 하신다.

4. 我没有朋友在海关工作。

   난 세관에서 일하는 친구가 없다.

5. 활용하기

1. 公司派我去新加坡出差。

   회사에서 나를 싱가포르로 출장 보냈다.

2. 这儿没有人懂汉语。

   여기에는 중국어를 아는 사람이 없어요.

3. 我不会让你失望的。

   난 널 실망시키지 않을 거야.

4. 我有个中国朋友叫周——。
5. 老师叫你交作业。
6. 今天晚上谁请我们吃饭？
7. 妈妈不让我一个人去旅游。

실력 업그레이드!

你们怎么知道我中奖了？

你们真厉害啊~

什么？叫我请客呀？

哈哈哈，扣税后只剩下四万韩币呢。

这么点儿钱早就花光了，

不会剩到现在吧？

那也得要我请客呀？

行啊，我可以请你们吃汉堡包呢，

走吧!

7과 동작의 지속과 유지
동태조사 着·过

3. 검토하기 응용표현

① 明明戴着一顶帽子。

② 墙上没挂着画儿。

③ 王老师喜欢站着讲课。

④ 孩子们不停地唱着歌。

⑤ 我给他打过电话。

⑥ 你以前见过明星没有?

⑦ 他曾经来过这儿。

⑧ 我从来没吃过印度菜。

4. 교정 연습

1. 他还在那儿站着, 你去叫他过来吧。

   저 사람 아직도 저기 서 있군,

   자네가 가서 좀 불러오게나.

2. 你看, 办公室里的灯还亮着。

   어이, 사무실에 아직 불이 켜져 있는걸.

3. 我还没去过长城, 你呢?

   난 아직 만리장성에 못 가봤어, 너는?

4. 十年前, 我曾经在这儿住过一段时间。

   10년 전에, 나는 여기서 한동안 살았지요.

5. 활용하기

1. 姐妹俩愉快地唱着歌。

   자매 둘에서 즐겁게 노래를 부르고 있다.

2. 即使是冬天他也开着窗户睡觉。

   설령 겨울철이라 해도 그는 창문을 열어놓고

   잠을 잔다.

3. 小时候, 我去国外旅行过几次。

   어릴 때, 나는 외국 여행을 몇 번 했다.

4. 我一边等着小金, 一边听着音乐。

5. 那个餐厅离这儿很近,

   咱们还是走着去吧。

6. 我们曾经在一起工作过几年。

7. 我跟别人约会从来就没有迟到过。

실력 업그레이드!

那个餐厅我去过几次。

咱还是坐公交车去好。

开车去的话, 不好停车。

停车场是有的, 可老是没地方停车。

要不, 咱骑着自行车去怎么样?

8과 존재, 출현, 소실을 설명하는 존현문

3. 검토하기 응용표현

① 大厅里站着几个外国人。

② 这个信封上没贴着邮票。

③ 墙上挂着两条裤子。

④ 我们小区没死人。

⑤ 路上走过来一位老大爷。

⑥ 昨天来了几个新生。

⑦ 上星期跑了一群羊。

⑧ 桌子上放着什么东西?

4. 교정 연습

1. 花瓶里插着几朵百合。

   꽃병에 백합 몇 송이가 꽂혀 있다.

2. 前边开过来一辆汽车。

   앞에서 차 한 대가 오고 있다.

3. 饭店里走了一批客人。

   호텔에서 한 무리의 손님들이 떠났다.

4. 本子上写着名字了吗?

   공책에 이름이 써 있나요?

5. 활용하기

1. 屋里坐着几十个人。

   방 안에 몇 십 명이 앉아 있네요.

2. 我们班来了一个新同学。

   우리 반에 새 친구가 한 명 왔어요.

3. 他家昨天死了一头牛。

   그의 집에서 어제 소 한 마리가 죽었어요.

4. 沙发上睡着两个男孩。

5. 我们单位来了一位采购专家。

6. 远处开来了一辆公交车。

7. 我们小区搬走了两户。

실력 업그레이드!

饭桌上放着很多好吃的，是谁买回来的呢?

最近我家没来客人。

那边走过来一个人，可不像是妈妈。

他们都去哪儿了?

听说邻居家死了一条狗，

难道去哀悼小狗了?

9과 나도 너만큼은 해!
비교 표현(1)

3. 검토하기 응용표현

① 我比他帅。
② 谁比你来得早?
③ 今年的产量有去年那么多。
④ 这件比那件还好看。
⑤ 我的想法跟他的差不多。
⑥ 他像他姐姐那么爱学习。
⑦ 学习成绩一天比一天好。
⑧ 比起学习来，我更喜欢玩儿。

4. 교정 연습

1. 我比他还高。
   내가 그 사람보다 커요.

2. 女儿快有妈妈那么高了。
   딸이 곧 엄마 키만큼 될 거야.

3. 我的自行车跟你的不一样。
   내 자전거는 네 것이랑 달라.

4. 你应该像你爸爸那样认真。
   자넨 자네 아버님처럼 성실해야 하네.

5. 활용하기

1. 谁有你能干啊?
   누가 자네만큼 능력이 있겠나?

2. 他比明明更能吃苦。
   그가 밍밍이보다 훨씬 고생을 잘 견디지.

3. 她像玫瑰一样漂亮。
   그녀는 장미처럼 아름답습니다.

4. 我的头发有你那么黑。

5. 我的爱好跟你的一样。

6. 他比我多一百块钱。

7. 我并不像你那么有时间。

실력 업그레이드!

都说我很像我爸爸。
我的眼睛像爸爸一样，鼻子也一样，
尤其是我的笑容，跟他一模一样。
可是我妈妈说爸爸比我更帅。
妈妈太爱爸爸了。
妈，我有点儿伤心~

10과 누가 누가 잘하나? 비교 표현(2)

3. 검토하기 응용표현

① 公交车没有地铁安全。

② 这个牌子没有那个那么有名。

③ 今天没有昨天冷。

④ 我的HSK成绩不如你。

⑤ 他的法语水平不如以前了。

⑥ 我觉得冬天不如夏天。

⑦ 她越长大越漂亮。

⑧ 最近他越来越瘦。

4. 교정 연습

1. 他跑得没有我快。

   그는 나보다 빨리 달리지 못한다.

2. 百闻不如一见。

   백문이 불여일견이다.

3. 秋天了，天气越来越凉快了。

   가을이 되어서, 날씨가 갈수록 서늘해진다.

4. 我怎么越吃越饿呢?

   난 왜 먹을수록 배가 고플까?

5. 활용하기

1. 他英语说得没有我好。

   그 사람은 영어 회화를 나보다 못해.

2. 远亲不如近邻。

   먼 친척은 가까운 이웃만 못하다.

3. 车开得越来越快了。

   차를 갈수록 빨리 몰고 있다.

4. 他没有你来得早。

5. 他不如你聪明。

6. 目前航空公司之间的竞争越来越激烈。

7. 他越想越生气，越生气越觉得委屈。

실력 업그레이드!

最近特别流行迷你裙,

朋友们的裙子越来越短了。

我觉得穿裙子不如穿牛仔裤,

这么冷的天，干吗穿着裙子冻得发抖呢?

哎，朋友们!

时髦没错，但感冒了怎么办?

等感冒了要我去给你们买药,

这我可不干~

11과 누군가에게 무슨 일이 생기면
把字句

3. 검토하기 응용표현

① 我把矿泉水喝了。

② 他把我的橙汁喝光了。

③ 他把我当做他姐姐。

④ 你把犯人带进来。

⑤ 我想把自行车还给你。

⑥ 你把研究所的钥匙拿着。

⑦ 你再把文件检查一遍。

⑧ 我没把你的电话号码留给他。

4. 교정 연습

1. 你把伞带着。

우산 챙겨요.

2. 我没把面包吃完。

난 빵을 다 먹지 않았어.

3. 他不能把这篇文章翻译完。

그는 이 글을 다 번역할 수 없어요.

4. 你把这本书交给金院长吧。

이 책을 김 원장님께 드리세요.

5. 활용하기

1. 你把桌子放在这儿吧。

책상을 여기에 두세요.

2. 我把你的蛋糕吃掉了。

내가 네 케이크를 먹어치웠어.

3. 他把屋子里的东西全卖了。

그는 방 안에 있는 물건을 다 팔았다.

4. 哎呀，怎么办! 我把护照丢了。

5. 请你们快把写错的字找出来。

6. 你把我看成什么人了？我不是那种人。

7. 你们把冰箱搬到这儿吧。

실력 업그레이드!

今天我要整理一下我的房间。

把桌子搬到窗户旁边，

把电脑放在桌子上，

墙上挂一幅风景画，

把茶几放在床旁边，

最后，茶几上边放一个花瓶。

好了，好了~

稍微整理了一下，效果真的不错!

12과 원치 않는 일을 당했을 때
被字句

3. 검토하기 응용표현

① 那个小女孩被她姑姑接走了。

② 钱包没被明明拿走。

③ 门被打开了。

④ 爸爸的皮鞋擦得很干净。

⑤ 困难终于被大家克服了。

⑥ 他小时候被爸爸打过。

⑦ 这部手机让人弄坏了。

⑧ 他叫汽车撞了。

4. 교정 연습

1. 我被收音机吵醒了。

나는 라디오 소리에 잠이 깼다.

2. 水已经送来了。

물은 이미 배달되었다.

3. 他被老师狠狠地批评了一顿。

그는 선생님한테 호되게 한차례 혼났다.

4. 那个问题已经被我们解决了。

그 문제는 이미 우리가 해결했다.

5. 활용하기

1. 他的脚不小心被石头划破了。

그의 발은 잘못하다가 돌에 찍혀 찢어졌다.

2. 这些脏衣服能被洗干净吗?

이 더러운 옷들이 깨끗하게 세탁될까?

3. 你的钱包很可能被偷走了。

네 지갑은 도둑맞았을 가능성이 커.

4. 我的自行车被弟弟骑走了。

5. 他被打过。

6. 那张桌子被他们搬到一楼去了。

7. 姐姐刚被朋友叫出去了。

실력 업그레이드!

今天我的钱包又被偷走了,

里面有现金、身份证、银行卡,

还有各种积分卡。

今年已经是第三次了。

你说我看起来很傻吗?

你问我怎么回家的呀?当然走着回去了。

等妈妈回来,肯定要被她狠狠骂一顿。

哎,这可怎么办呀~

정답 및 해석 193

13과 겹쳐 쓰면 뜻이 바뀐다! 중첩 형태

3. 검토하기 응용표현

① 你快听听这首歌。
② 我喜欢去湖边散散步。
③ 他紧紧地握着我的手。
④ 她把衣服洗得干干净净。
⑤ 在这儿，人人都喜欢钓鱼。
⑥ 现在的孩子个个都很聪明。
⑦ 顿顿都吃炒饭，我都吃腻了。
⑧ 考研报名人数一年比一年多。

4. 교정 연습

1. 麻烦你帮帮忙。
   죄송하지만 저 좀 도와주세요.

2. 她的房间打扫得干干净净的。
   그녀의 방은 깨끗하게 청소가 됐다.

3. 保护环境，人人有责。
   환경보호는 모두에게 책임이 있다.

4. 他天天锻炼，所以身体很棒。
   그는 매일 운동을 해서, 아주 건강하다.

5. 활용하기

1. 你喜欢哪一件，就试试看吧。
   맘에 드는 게 있으시면, 입어보세요.

2. 你老老实实地跟我说吧。
   너 솔직하게 나한테 얘기해봐.

3. 条条大道通罗马。
   모든 길은 로마로 통한다.

4. 孙总，有件事我们想和您商量商量。

5. 他什么都没说，还是傻傻地笑着。

6. 祝你天天拥有一份好心情！

7. 她很能干，里里外外都是一把好手。

실력 업그레이드!

风轻轻地抚摸着我的脸颊，
快秋天了，
下午的阳光暖暖地照在我身上。
这几年忙得我都没有时间去秋游了。
今年秋天一定要去看红叶。
还有，我要用一片片的红叶做书签。

14과 구체적으로 보충 설명(1)
정도보어와 결과보어

3. 검토하기 응용표현

① 哎呀，气死了！
② 我弟弟跑得不快。
③ 他篮球打得好不好？
④ 她跳舞跳得非常棒。
⑤ 小姐，你打错了，我家没有姓宋的。
⑥ 你把花瓶放在茶几上吧。
⑦ 谁把我的书拿走了呢？
⑧ 今天我没有看见小李。

4. 교정 연습

1. 他跑步跑得很快。

   그는 빨리 달린다.

2. 最近他忙得很。

   최근에 그는 아주 바쁘다.

3. 星期天我吃完早饭就去你那儿。

   일요일에 내가 아침 먹고 바로 너한테 갈게.

4. 我昨天晚上没睡好。

   난 어젯밤에 잠을 잘 못 잤다.

5. 활용하기

1. 他平时都来得很早，今天例外。

   그 친구 평소엔 늘 일찍 오는데, 오늘은 예외군.

2. 今天上午我给朋友寄去了这儿的特产。

   오늘 오전에 난 친구한테 이곳의 특산물을 부쳐 주었다.

3. 如果没考上大学，那我去找工作。

   만약 대학시험에 떨어지면, 난 직장을 구할 거야.

4. 事情还没办好呢。

5. 我今天心情好极了。

6. 我好久没见到她了。

7. 他好不容易睡着了，你就别去打扰他了。

실력 업그레이드!

今天你做的菜好吃极了。

我从来没吃过这么好吃的菜。哈哈~

你说下次还给我做呀？真的吗？

那我们就这样说好了！

要不，你能不能让我天天都吃到你做的 菜呢？

정답 및 해석 195

15과 구체적으로 보충 설명(2) 방향보어와 시간보어

3. 검토하기 응용표현

① 你们快进去吧。

② 他经常到中国去。

③ 我们刚出发不久就下起雨来了。

④ 太好了，明明，你终于醒过来了!

⑤ 我们找你半天了，你去哪儿了?

⑥ 我在这儿工作快三年了。

⑦ 每天我都写两个小时文章。

⑧ 我们学汉语学了两年了。

4. 교정 연습

1. 你在大厅里等我，我马上就下来。

   너 로비에서 나 기다리고 있어,

   내가 바로 내려올게.

2. 明明不在，他回国去了。

   밍밍이 없어요. 그는 귀국했어요.

3. 我去书店看了一个钟头书。

   난 서점에 가서 책을 한 시간 동안 봤어.

4. 我等了你一年了。

   난 널 일 년째 기다리고 있어.

5. 활용하기

1. 我朋友从商店里走出来了。

   내 친구는 상점에서 걸어 나왔다.

2. 他跑进宿舍去了。

   그는 기숙사로 달려 들어갔다.

3. 他们在这个公司工作快三年了。

   그들은 이 회사에서 일한 지 삼 년이

   되어간다.

4. 外边很冷，我们进屋里去吧。

5. 我刚到家，就下起雨来了。

6. 他两天没睡，没吃饭了。

7. 我在美国住过三年。

실력 업그레이드!

今天我和朋友们一起去看了大海。

好长时间没去看大海了。

多么亲切的沙滩和波浪声~

海鸥一会儿飞过来，一会儿飞过去，

好像向我们问候。

我们在那儿玩儿一下午，

带着舍不得的心情回到了首尔。

16과 구체적으로 보충 설명(3)
가능보어와 동량보어

3. 검토하기 응용표현

① 停电了，上不了课了。
② 这些菜，我们两个可以吃得完。
③ 这么高的山你爬得上去爬不上去？
④ 我现在买不起房子和汽车。
⑤ 日本队已经输了两场比赛。
⑥ 我想参观一下贵公司。
⑦ 他曾经骗过她一次。
⑧ 我妹妹比我重六斤。(1kg=2斤)

4. 교정 연습

1. 这座山我爬得上去。

    이 산에 난 올라갈 수 있어.

2. 这本书我一个星期看不完。

    이 책은 일주일에 다 볼 수 없어.

3. 我把资料忘在公司了，

    我得回趟公司了。

    내가 자료를 회사에 두고 와서,

    회사에 한 번 갔다 와야 해.

4. 昨天晚上下了一场雪，

    今天路特别滑。

    어젯밤에 눈이 한차례 와서,

    오늘 길이 굉장히 미끄러워.

5. 활용하기

1. 再不走我们就赶不上火车了。

    계속 뜸 들이다간 우리 기차 놓쳐요.

2. 他想买那块手表，但他买不起。

    그는 그 시계를 사고 싶지만, 살 수가 없다.

3. 他只请我吃过一顿饭。

    그 사람 나한테 밥 한 번밖에 안 사줬어요.

4. 对不起，我帮不了你的忙。

5. 没有家里的钥匙，我们怎么能进得去呢？

6. 我去年来过一趟青岛。

7. 这部电影很好看，我还想再看一遍。

실력 업그레이드!

昨晚异常闷热,让我有些受不了。

半夜，我竟然被热醒了好几次，

我妈妈还以为是我饿了。

妈妈也真是的，这么热哪儿会有胃口啊。

还没到小暑大暑，怎么这么热呢！

要是下一场雨就好了。

17과 단문+단문=복문(1)
병렬, 순접, 점층 복문

3. 검토하기 응용표현

① 他不是北京大学的学生，

而是北京师范大学的学生。

② 爸爸一听到他的名字，就皱起眉头来了。

③ 我准备先打扫卫生，然后再去市场买菜。

④ 我们边走边聊吧，站在这儿不好。

⑤ 他不但喜欢打高尔夫球，

而且喜欢打保龄球。

⑥ 他的性格既不属于内向，又不属于外向。

⑦ 妈妈先忍不住哭了，接着我们都哭了。

⑧ 李老师不但不生气，反而笑了起来。

4. 교정 연습

1. 他们俩一边走路，一边谈话。

   그 둘은 길을 걸으면서 이야기를 하고 있다.

2. 小金是我的朋友，也是我的同事。

   김 군은 내 친구이면서 동료이기도 하다.

3. 我们先坐公交车去人民广场，

   然后再换地铁吧。

   우리 먼저 시내버스를 타고 런민광장에 간

   다음 다시 전철로 갈아타자.

4. 上海的冬天不但很冷，而且常常下雨。

   상하이의 겨울은 추울 뿐 아니라,

   자주 비까지 온다.

5. 활용하기

1. 他不是不知道，而是装糊涂。

   그 사람은 모르는 게 아니라,

   모르는 척하는 거예요.

2. 听到这个消息，大家都高兴起来。

   이 소식을 듣고, 다들 기뻐했다.

3. 深夜的街上，除了我们外，

   还有很多醉汉。

   깊은 밤 길에는, 우리들 말고도

   많은 취객들이 있었다.

4. 他喜欢一边听音乐，一边看书。

5. 我们先吃饭，然后再去看电影。

6. 明明汉字写得又快又好。

7. 这个道理连三岁小孩都知道，

   何况大人呢!

실력 업그레이드!

吃完晚饭，我跟妈妈一起去散步了。

我们一边走路，一边聊这聊那。

回家的时候，

我们先去咖啡厅喝了杯咖啡，

然后再去面包店买了点儿面包。

我的一天就这样甜蜜地结束了。

希望明天的生活会更精彩~

18과 단문+단문=복문(2)
선택, 인과, 전환 복문

3. 검토하기 응용표현

① 不是你去就是他去，反正我不去。

② 我们上午出发，还是下午出发？

③ 因为我考试不及格，所以我不能毕业。

④ 虽然事情很小，但影响却很大。

⑤ 由于个人原因，因此他不得不辞职。

⑥ 我宁可不睡觉，也要完成任务。

⑦ 尽管这个餐厅很难找，

我们还是找到了。

⑧ 就是你跪着求我，我也不会原谅你。

4. 교정 연습

1. 你喝咖啡还是喝绿茶？

   너 커피 마실래, 아니면 녹차 마실래?

2. 最近这儿的天气不好，

   不是刮风，就是下雨。

   요즘 이곳의 날씨가 안 좋아서,

   바람이 불지 않으면 비가 온다네.

3. 因为事情太多，所以我今天才来看你。

   일이 너무 많아서,

   내가 오늘에서야 자네를 보러 왔네.

4. 虽然天气很好，但还是很冷。

   비록 날씨는 좋지만, 여전히 춥다.

5. 활용하기

1. 星期天，我不是呆在公司，就是呆在

   家里。

   일요일에, 나는 회사에 있거나 집에 있어.

2. 因为重感冒，所以他请了一天假。

   독감에 걸려서, 그는 하루 휴가를 냈어.

3. 尽管我们见过面，但是我还是认不出

   他来。

   비록 우리가 만나긴 했지만,

   난 그래도 그 사람을 못 알아봤어.

4. 明天上午我们不是去教室，

   就是去图书馆。

5. 他因为在英国呆过十年，

   所以英语说得很好。

6. 虽然他工作很忙，

   但是每天坚持学习一个小时汉语。

7. 尽管经过多次失败，可他并不灰心。

실력 업그레이드!

别人为了不睡觉而喝咖啡，可是我喝了

咖啡反而会更想睡。别人为了醒困而洗

脸，可是我洗脸后反而睡意更浓。

明天就要期末考试了。哎! 上帝呀，

在鸭蛋和睡觉中我该如何选择啊？

19과 단문+단문=복문(3)
가정, 목적, 조건 복문

3. 검토하기 응용표현

① 如果明天下雪，我们就去滑雪。

② 假如我是一只鸟，就能飞到你那儿去。

③ 不管你去哪儿，我都跟着你。

④ 你要是星期天休息，就来我家吃饭吧。

⑤ 为了大家的身体健康，以后不要熬夜了！

⑥ 你好好儿把护照放好，
省得到时候找不到。

⑦ 只要你答应我一件事，我就告诉你真相。

⑧ 只有你真心对待别人，
别人才能真心对待你。

4. 교정 연습

1. 如果明天下雪，我们就不去那儿了。
만약에 내일 눈이 온다면,
우리는 거기 가지 않을 겁니다.

2. 要是你想参加比赛，你就告诉我一声。
만약에 경기에 출전하고 싶으면,
나한테 한마디 해줘.

3. 为了感谢他，我送给他一件礼物。
그에게 고마움을 전하기 위해,
나는 그에게 선물을 하나 했어.

4. 只要你努力，就一定能成功。
네가 노력하기만 하면, 반드시 성공할 거야.

5. 활용하기

1. 只有他来，问题才可以解决。
그 친구가 와야지만, 문제를 해결할 수 있습니다.

2. 假如暑假能去泰山旅游，那真是太好了。
만약 여름방학 때 타이산에 놀러갈 수 있다면,
정말 좋을 거야.

3. 为了参加朋友的婚礼，我不得不改变了
原来的计划。
친구의 결혼식에 참가하기 위해,
난 부득이하게 원래의 계획을 수정했다.

4. 假如我写书，我就写我一生中的错误。

5. 只要大家有信心，我们就能克服困难。

6. 只有你去请他，他才会来。

7. 我们带上一张地图吧，免得迷路。

실력 업그레이드!

我爸爸有一个梦想，
在农村盖一所小房子，带个大院子，
然后养条狗，再种上很多花。
他说为了实现这个梦想，
每一天他都过得很充实。
还有，爸爸说每次想到这个梦想，
就不由得微笑起来。
祝爸爸的美梦成真！

20과 중요한 내용을 표현할 때 강조용법

3. 검토하기 응용표현

① 我困得连说话的力气都没有。

② 我就不信他不回来。

③ 我才不去呢。

④ 桂林的风景可美了！

⑤ 他们都去，我也不能不去。

⑥ 最近我胖了，非减肥不可。

⑦ 你想去哪儿就去哪儿。

⑧ 他们公司的产品我一次也没买过。

4. 교정 연습

1. 这么好看的项链她不会不喜欢。

이렇게 예쁜 목걸이를 그녀가 싫어할 리가 없지.

2. 我连游泳都不会，更别说跳水了。

난 수영도 못하는데,

다이빙이야 말할 것도 없지 뭐.

3. 这可不是开玩笑的，会出人命的。

이거 정말로 농담 아냐.

사람 목숨이 달린 거야.

4. 我才不会跟这种人结婚呢！

나야말로 이런 사람이랑 결혼 안 해!

5. 활용하기

1. 我在这个城市连一个朋友也没有。

난 이 도시에 친구가 한 명도 없다.

2. 我可没说过这句话呀！

난 정말로 이 얘기 한 적 없어!

3. 这就是我住的饭店。

여기가 바로 내가 묵고 있는 호텔이에요.

4. 这枚戒指可重要了，你一定要珍惜啊。

5. 我才不要你的好意呢！

6. 这件事没有人不知道。

7. 你想怎么做就怎么做。

실력 업그레이드!

我弟弟很挑食，连鸡蛋也不吃。

而且，他性子很倔，

自己想吃什么就吃什么。

有一天，妈妈跟他说不吃鸡蛋就不让他

去学校，他一言不发地进了自己的房间，

就那么躺在床上。

结果，被妈妈狠狠打了一顿后，

弟弟哭着吃完一个鸡蛋。

这小子，还敢对妈妈作对~

스피킹 중국어 시리즈

중국어 말하기,
제대로 트레이닝 해보세요!

JRC 중국어연구소 지음 | 첫걸음 200쪽, Level up 188쪽 | 12과 | 15,000원

196쪽 | 14과 | 15,000원

200쪽 | 12과 | 15,000원

216쪽 | 12과 | 15,000원

208쪽 | 14과 | 15,000원

上176쪽, 下172쪽 | 8과 | 15,000원

한권으로 합격하기 시리즈

관광통역안내사
중국어 면접 완벽 대비서

50가지 주제만 알면, 이제 난 중국어 가이드!

이은미 지음 | 276쪽 | 19,800원(본책+모의면접 100제+MP3 CD)

별책 부록
모의면접 100제

최신 기출 문제를 완벽 분석하여 면접 시험에서 출제 가능성이 높은 주제만을 엄선한 중국어 면접 대비서로, 총 10개 파트, 50가지 주제로 구성되어 있습니다.

★ 특징 ① 'step1 사전 탐색하기 ➡ step2 기출 따라잡기 ➡ step3 관통 솔루션 파악하기 ➡ step4 도전! 모의면접'의 체계적인 학습 구성
★ 특징 ② 출제 경향에 딱 맞춘 모의면접 100제 제공
★ 특징 ③ 엄선된 50가지 주제 완벽 학습
★ 특징 ④ 모든 답안의 음성 파일 수록
★ 특징 ⑤ 모의면접 훈련을 통해 면접 시험 완벽 적응 가능

맛있는인강

THE 강력해진 **FULL PACK 시리즈**로 돌아왔다!

맛있는인강 🔍

FULL PACK 1
무한수강 프리미엄

FULL PACK 2
맛있는 중국어 회화

FULL PACK 3
HSK 全 급수

맛있는중국어와 카카오톡 플러스친구 맺으면 **1만원 할인권** 증정!

친구 등록하고 실시간 상담 받기
@맛있는중국어JRC

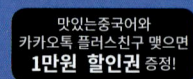

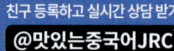